KB202196

# 예수님의 십자가

이일화 지음

# 예수님의 십자가

내가
그리스도와 함께
십자가에 못 박혔나니
그런즉 이제는
내가 사는 것이 아니요.
오직 내 안에 그리스도께서 사시는 것이라.

이제 내가 육체 가운데 사는 것은
나를 사랑하사 나를 위하여
자기 자신을 버리신
하나님의 아들을 믿는
믿음 안에서 사는 것이라.

– 갈 2:20, 개역개정 –

주님은
얼마나 아프셨을까?
주님은
얼마나 고통스러우셨을까?
주님은
십자가 위에서 피 흘리시며 운명하셨네.
그리고
그리고 사흘 만에 부활하셨지.
우리에게
부활의 소망을 보여주셨네.

# 주님은

-서시

주님은 십자가에 달리셨네.

추악하고 더러운 나의 죄 때문에.

내가 지은 나의 죄 때문에

주님께서 날 위해

십자가 위에서 돌아가셨네.

머리엔 가시관 쓰시고

손과 발에는 대못을 박히셨지.

주님은 죄 없으신 하나님의 어린 양!

속죄 제물이 되시어

십자가 위에 못 박히셨네.

십자가 위에서 대속의 죽임을 당하셨네.

주님은 우리를 위하여 십자가 위에서

그 보배로운 피 흘리셨지.

흠 없는 어린 양의 피로

우리의 죄를 속해 주셨네.

난 주님을 믿네.

십자가 위에서 날 위해 희생하신

주님의 그 크신 사랑을 믿네.

# 새번역 **사도신경**

나는
전능하신 아버지 하나님,
천지의 창조주를 믿습니다.

나는
그의 유일하신 아들,
우리 주 예수 그리스도를 믿습니다.

그는
성령으로 잉태되어
동정녀 마리아에게서 나시고,
본디오 빌라도에게 고난을 받아
십자가에 못 박혀 죽으시고,
장사된 지 사흘 만에
죽은 자 가운데서 다시 살아나셨으며,
하늘에 오르시어
전능하신 아버지 하나님 우편에 앉아 계시다가,
거기로부터 살아 있는 자와 죽은 자를
심판하러 오십니다.

나는

성령을 믿으며,

거룩한 공교회와 성도의 교제와

죄를 용서받는 것과

몸의 부활과 영생을 믿습니다.

아멘.

- 사도신경은 전통적인 교회의 신앙고백입니다. -

## 일러두기

1. 〈책의 형태〉 이 기도 문집은 기도문의 표본이라기보다는 성도의 신앙과 믿음의 생활을 돕기 위하여 예수님의 십자가에 대한 묵상과 기도문을 쉽게 읽을 수 있도록 시적 형태로 편집하여 발간한 신앙생활 도움서입니다. 성도들이 직장에서 성경을 내어놓고 읽기가 어렵다는 점을 생각하여 틈틈이 한 줄 기도문을 읽고 믿음을 되새김질할 수 있도록 주제별로 정리해 놓았습니다.

2. 〈기도문의 형식〉 이 책의 기도문은 가능한 한 일반적인 기도문의 형태인 시편을 따르려고 노력하였으나, 기도문 외에도 신앙고백적인 시적 형태의 기도문이 실려 있습니다. 이 책을 읽는 독자들의 믿음생활에 도움이 되기를 바라는 마음에서 함께 실은 것입니다. 다만, 기도문의 끝 부분에 '아멘'이나, '예수님의 이름으로 기도드립니다.'라는 기도를 마무리할 때의 구체적인 형식을 굳이 보이지 않은 것은, 기도문의 뒷부분에 이러한 마무리 기도문의 형식이 생략되어 있다고 이해하면 될 것입니다.

3. 〈책의 발행 가액〉 이 책 발간이 오로지 성도들의 믿음의 성장을 돕는데 그 목적이 있는 만큼, 이 책을 쉽게 구입할 수 있도록 최소한의 가격으로 발행하도록 노력하였습니다. 이는 성도들이 책의 구입 대금으로 인한 부담 때문에 쉽게 기도문을 접하지 못하는 어려움을 해소하기 위한 일련의 노력이기도 합니다. 이 책을 통하여 독자 여러분의 신앙이 더욱 성장할 수 있는 기회가 되기를 바라는 마음 간절합니다.

4. 〈이 책의 이용〉 이 책은 성경이 말씀하시는 오로지 본래적인 복음의 목소리에 귀를 기울이고 있습니다. 주님의 도우심의 손길을 구하는 기도에 구체적인 여러분의 목소리로 소리 내어 주님께 말씀드려 보시기 바랍니다. 기도문을 소리 내어 읽으며, 그 기도소리에 여러분의 귀를 기울여본다면, 아마 여러분의 신앙생활에 큰 도움이 되리라고 기대해 봅니다.

# 목차

서시 ·········································· 7

새번역 사도신경 ····························· 8

일러두기 ····································· 10

아홉 편의 주님의 십자가의 묵상 ···· 13

예수님의 십자가 묵상하기 ··············· 33


프롤로그 ····································· 39

제1장 인생의 고난이 닥칠 때 ········ 45

제2장 십자가의 가치관 ················ 103

제3장 예수님의 십자가 ················ 157

제4장 회개의 십자가 ·················· 205

제5장 예수님의 보혈 ·················· 241

제6장 십자가의 삶 ···················· 277

제7장 신앙의 고백 ···················· 339

에필로그 ····························· 389


이 책의 집필 동기 ···················· 392

간증문 ································· 395

목차 색인 ····························· 413

**66** 주님! 제가 주님께 바라옵고, 기도드리오니
　　주님! 제가 주님의 십자가를 사랑케 하옵소서. **99**

– 에필로그 〈주님의 십자가를 사랑케 하옵소서〉 중에서 –

아홉 편의
주님의 십자가의 묵상

# 주님이 지신 십자가

주님이 지신 십자가
주님이 흘리신 피로 물들었네.
"다 이루었다." 말씀하시며,
십자가 위에서 운명하실 때
우리의 모든 죄 씻기었네.
주님을 사모하며,
주님을 의지하며 사는 이들에게
주님의 보혈의 피로
죄 사함을 받도록 허락하셨으니
주님의 보혈의 피로 내 죄 사하셨네.
눈보다 더 희게 씻기셨네.


주님! 저의 죄를 용서하소서.
주님의 보혈의 피로 저를 씻기소서.
죄 없는 하나님의 어린 양이
십자가 위에서 희생 제물이 되시었으니
주님! 제 영혼이 주님을 우러러 뵈옵니다.
주님의 십자가의 길 따라
이 몸이 기쁨으로 주님을 따르옵니다.

주님! 주님께서 흘리신 물과 피!
저의 육체를 적시오니,
주님! 주님께서 저를 인도하옵소서.
주님의 길로 저를 이끄시어
주님의 빛! 제게 비취소서.

주님! 주님께서 지신 십자가
고통과 저주의 십자가
죄 없으신 하나님의 어린 양이
우리를 위해 십자가 지시었네.
십자가 위에서 몸 버려 피 흘리시어
우리를 위한 대속의 죽음을 죽으셨네.
주님! 주님의 이름을 찬미합니다.
주님! 주님의 위대하신 이름을 찬송합니다.
주님! 주님께서 저를 받으시고,
주님! 저를 주님의 길로 인도하소서.

# 주님의 십자가는 나의 자랑

주님의 십자가는 나의 사랑, 나의 자랑!
주님의 십자가 앞에, 저의 모든 죄악의 짐을 내려놓습니다.
주님! 주님의 사랑을 잊은 저에게, 저의 죄악이 저를 찔러
한시도 끊임없이 저의 마음을 고통스럽게 하오니
주님! 주님 앞에 나아가 저의 부끄러운 모습을 회개하며,
저의 죄악을 주님의 십자가의 보혈로 씻어내며 기뻐합니다.

제가 주님께 드릴 일은 오직 회개와 믿음과 간구뿐!
주님! 제가 주님께 간구합니다.
주님의 십자가 위에서 피 흘리신 그 사랑을 간구합니다.
오직 주님의 십자가만이 나의 자랑! 나의 사랑!

주님의 십자가는 내게 사랑! 나의 자랑!
주님! 주님의 모든 것을 저희들에게 내어주심으로
주님의 거룩하시고도 보배로운 피로
저희들의 더러운 죄악이 죄 씻음을 받았으니
십자가에 못 박히신 거룩하신 주님을
저희들이 우러러 바라봅니다.
주님의 인내와 희생과 고통을 감내하심을 송축합니다.

주님! 주님께서 성부 하나님의 구원의 계획을 받으시고,
십자가에 죽으심으로써, 그 구속의 사역을 다 하셨으니
주님! 저희들이 이 세상으로부터 구원을 얻으며 기뻐합니다.
주님! 주님께서 십자가 위에서 그 보배 피를 흘리시니
저희들이 주님의 구원의 이름을 즐거이 소리 높여 찬송합니다.
주님! 주님께서 십자가 위에서 고난과 희생을 당하셨으니
저희들이 주님의 거룩하신 구원의 은혜를 널리 전하렵니다.
주님! 저희들이 주님의 그 사랑의 십자가를 짊어짐으로
주님의 그 희생과 고난을 깨달으려 합니다.


주님께서 피 흘리신 십자가는 나의 사랑! 나의 자랑!
주님! 주님께서 십자가 위에서 죽으심으로 희생하신
주님의 그 크신 사랑을 제가 바르게 깨닫기를 원합니다.
그리하여 주님께서 사랑하는 이들에게
주님께서 보배 피 흘리시며 희생하신 십자가의 그 사랑을
제가 가서 올바르게 잘 전하기를 원합니다.
주님! 저는 우매하고, 나약하며, 부족하오니
주님! 제게 주님의 은혜를 베푸소서.
주님의 이름으로 오시는 거룩하신 성령님을 제게 보내시어
주님! 주님께서 사랑하시는 이웃들에게
주님의 그 놀라운 사랑을 전하도록 허락하소서.

주님! 저의 우매함과 저의 부끄러운 죄악을 용서하소서.

주님! 저의 믿음 없음을 불쌍히 여기소서.

주님의 십자가는 사랑! 주님의 십자가는 나의 자랑!

주님께서 피 흘리시며 희생하신 주님의 십자가 저도 지고,

주님의 그 사랑을 전하며, 주님의 길 따르려 하오니.

주님! 제 남은 여정을 주님의 복음을 위해 사용하게 하시고,

주님을 섬기므로 제 맘이 주님을 기뻐하며 즐거워하여

저의 인생이 오직 주님의 말씀만을 마음에 새기게 하소서.

주님을 사랑하며, 찾고 기다리며, 간구하는 이들에게

주님의 그 크신 사랑을 전할 수 있게 하소서.


사랑의 주님! 저와 함께하소서. 저를 인도하소서.

주님께서 십자가 위에서 피 흘리신 그 사랑을 제가 깨달아

주님의 십자가의 그 사랑을 조금이라도 실천하게 하소서.

주님의 십자가! 조금이라도 더 알기를 원하오니

저를 아시고, 저를 인도하시는 제 인생의 주님!

저를 받으소서. 저의 믿음 없음을 불쌍히 여기소서.

주님! 제가 주님 앞에 나아가 주님을 사랑하오니

주님! 주님 한 분만을 바라보며, 저의 일생을 살게 하소서.

주님만이 저의 하나님이 되심을 제가 깨닫사오니

제 인생이 주님 한분만으로 즐거워함을 보옵소서.

주님! 오직 제가 주님을 위하여 할 수 있는 일은
주님을 사모하는 일뿐이오니, 주님의 십자가는 나의 자랑!
주님! 제가 주님을 사모하며, 사랑하며 살게 하소서.
주님! 제가 주님께 구하오니, 주님! 저와 함께하소서.
제가 주님을 사랑하는 길은 주님을 믿는 일일 뿐이오니
주님을 떠난 곁길로 세상에 빠지지 않기를 간구합니다.
주님! 이것이 주님께서 제게 부여한 믿음의 길이요
제가 짊어지고 가야 할 저의 가난한 십자가임을 믿습니다.
주님! 제가 주님을 사랑하므로, 주님을 자랑합니다.
제가 주님을 사랑하며, 주님을 사모하며 살게 되므로
주님! 제 인생이 주님이 걸어가신 길을 늘 사랑합니다.
주님! 주님을 믿고 의지하며, 주님을 따라 늘 걸어갑니다.

주님! 주님의 거룩한 사랑의 십자가 지고,
제가 주님을 따르옵니다. 주님의 십자가는 나의 자랑!
주님! 주님의 그 거룩하신 보배 피 흘리신 그 사랑을
제 가슴에 품고 걸어갑니다. 주님의 십자가는 나의 사랑!
주님! 제가 우리를 구원하신 주님의 그 크신 사랑을
주님께서 사랑하는 이웃들에게 가서 전하게 하소서.
주님! 주님께서 저를 영영한 주님의 품에 두시어
주님의 그 사랑을 전하는 즐거움으로 제가 살게 하소서.

# 주님의 십자가는 오해 받음

주님의 십자가는 배신과 오해 받음!
주님께서 그토록 사랑했던
주님의 백성들로부터 배반을 당하여
주님께서 십자가 위에서 죽임을 당하셨으니.

주님의 십자가는 사랑!
주님께서는 배신과 오해 받음을 당하셨음에도
겸손히 십자가 위에서 돌아가셨으니.
하나님 자신이시며,
친히 인류를 구원하실 분이심에도
십자가 위에서 고난을 받으시며,
죽임을 당하셨으니, 주님의 십자가는 사랑!

주님의 십자가는 온유와 겸손!
우리 같은 죄인들을 위하여
주님은 십자가 위에서 고난을 받으시고,
친히 그분 자신을 낮추어 버리심으로
주님께서 친히 우리 인간의 죄를 담당하시었으니
주님! 저를 용서하소서. 저를 인도하소서.

---

주님의 십자가는 은혜!
주님께서 십자가 위에서 희생하심으로
죄악 때문에 죽을 수밖에 없는
우리 인간들을 구속하셨습니다.

주님의 십자가는 구원!
죄악으로 죽을 수밖에 없는 우리를
주님께서 친히 죄악에서 우리를 건져내셨으니
우리가 영원히 찬양하여야 할 주님!
주님의 십자가 앞에 내 모든 것을 내어놓습니다.
주님의 십자가 앞에 내 모든 것을 맡깁니다.

주님이시여! 나의 구원자시여! 나의 구속주시여!
주님을 위하여 내 모든 인생 바치려 합니다.
주님! 저를 받으시옵소서.
주님! 제가 온전히 주님을 따르오니.
주님! 주님을 위하여 제 모든 인생을
온전히 주님께 드리게 하옵소서.
주님의 위대하신 희생과 사랑을
제가 늘 찬미하며 살게 하옵소서.

# 주님께서 저를 버리시면

주님께서 저를 버리시면, 저는 어디에 서란 말입니까?
주님의 십자가 위에서 친히 그 보배로운 피를 흘리시어
우리의 죄악과 죽음에서 저희들을 건져내신 주님!
주님께서 친히 저희들을 기억하시고 돌보지 아니하시면,
주님! 저희들은 어디에서 주님을 뵈옵는다는 말입니까?
이 세상의 하찮은 것들에 제 마음이 빼앗겨
거룩하고도 영광스러운 주님을 뵈옵지 못하여 울부짖는데,
주님! 저는 어디에 서서 이 죄악 된 모습을 드러내며,
주님의 거룩하신 얼굴을 뵈오며 용서를 구하란 말입니까?
주님! 저를 용서하소서. 저의 죄악을 용서하소서.
주님! 주님의 거룩하시고도 위대하신 사랑을 버리고,
이 어둡고 추하고 더럽고 죄 많은 세상의 자리에 서서
주님을 뵈옵지 못하고 괴로워하는 이 불쌍한 저의 영혼을
주님! 주님께서 긍휼히 여기시고, 용서와 자비를 베푸소서.
주님! 제가 주님을 사모하는 마음에 애가 탑니다.
주님! 제가 주님의 거룩하신 이름을 불러 외칩니다.
주님! 주님의 위대하신 영광을 찬미하고, 또 찬미하오니,
주님! 저를 보옵소서. 저를 불쌍히 여기시고 보살피소서.
주님! 이 보잘 것 없는 죄인이 주님을 의지하고, 사랑하여

주님의 위대하심을 늘 찬미함을 보옵소서.

주님! 주님께서 죽음의 십자가 위에서 피 흘리시며,

저희들을 위하여 고난당하셨음을 깨닫기에

주님! 이 죄인이 주님 앞에 엎드리어 간구합니다.

주님! 주님만이 친히 저의 소망이 되시오니,

주님께서 저를 죄악에서 건져내시고,

지금 이 순간에도 저를 인도하심을 믿사옵니다.

주님! 이 부끄러운 죄인이 주님께 엎드리어 간구합니다.

주님! 주님께서 저를 보옵소서.

주님! 제가 주님을 믿고, 사모하며 또 사랑하여

주님! 주님 앞에 제 심정을 아뢰옵니다.

주님이시여! 저를 불쌍히 여기시고, 저를 받으소서.

주님을 사랑하는 마음으로 제가 주님의 전에 엎드렸사오니

주님! 제가 주님의 십자가만 바라보며 살게 하소서.

주님! 이 죄인이 주님께 간구합니다.

주님! 이 죄인이 거룩하신 주님 전에 얼굴을 들어

주님의 위대하시고 높으신 이름을 찬송합니다.

주님이시여! 주님만이 홀로 영광 받으소서.

주님께서 저의 영혼을 받으시고 보호하시어

주님! 주님의 생명 물가로 저를 인도하소서.

# 주님께서 보이신 생명의 길

주님께서 내게 보이시는 생명의 길
내가 반드시 걸어가야 할 길.
이 세상을 떠나 반드시 내가 걸어가야 할 길
주님께서 보이신 생명의 길.

주님께서 십자가에 못 박혀 희생하셨네.
나의 추악하고 더러운 죄 때문에
십자가 위에서 보혈의 피 흘리시며 돌아가셨네.
그리고 사흘 만에 무덤에서 일어나 부활하셨지.
내가 걸어가야 할 십자가의 길
그분이 내게 보이시고 말씀하시네.

주님은 십자가에 달리셨네.
추악하고 더러운 나의 죄 때문에.
나는 주님의 십자가 지고 따라야 하네.
주님의 온유와 겸손, 멍에와 짐을 지고
주님을 따라야만 하네.
주님을 따라 걸어가야만 하네.

나는 주님의 종! 주님 앞에 부끄러운 죄인!
주님의 징계를 벗어날 길 없네.
그러나 주님께서 나의 죄 사해 주셨으니
나를 위해 대속의 보혈의 피 흘리셨으니
나는 죄에서 놓임 받았네.
주님의 보혈로 나는 거듭났네.

나는 죄인! 주님을 위해 살지 못하는 부끄러운 죄인!
주님의 뜻을 저버리고, 주님을 뜻을 따르지 못하는
나는 주님 앞에 설 수조차 없는 이 부끄러운 죄인!
그러나 주님께서 날 구속하셨네.
주님께서 흘리신 십자가의 보혈로 나의 죄를 씻기셨네.

주님께서 내 모든 죄
주님의 보혈로 말끔히 씻기셨으니
이젠 주님만을 따르려네.
주님만을 따르며 살려 하네.
내 모든 짐, 주님의 십자가 앞에 내려놓고
주님만을 섬기며, 주님만을 위하여 살려 하네.

# 십자가의 인생

우리의 인생은 십자가의 길
주님의 십자가의 마음을 품고 살아가는 길
주님께서 걸어가신 십자가의 길
그 길을 나도 따르려네.

나도 주님처럼
십자가 지고 주님을 따르려네.
주님! 저를 인도하소서.
저도 주님처럼 십자가의 길 따르게 하소서.
저의 인생의 종착지는
오직 주님의 십자가.

주님은 근본 하나님의 본체이시지만
하나님과 동등될 것으로 취하시지 아니하시고
오히려 자신을 비우시어
종의 형체를 가지시고,
사람의 모양으로 나타나시어
죽기까지 복종하시었으니
십자가 위에서 돌아가셨으니 (빌2:8)

주님! 저도 주님의 길 따르렵니다.

우리의 인생은 십자가의 인생

우리의 길은

이 세상의 길이 아니라네.

주님을 따르는 길,

주님께서 걸어가신 십자가를 따르는 길.

주님! 저와 함께하소서.

주님! 저를 인도하소서.


저의 인생은 십자가의 인생이오며

주님의 십자가의 길 따르는 길이오니

주님! 저를 도우소서.

제 인생의 목표는 오직 주님의 십자가뿐!

주님! 저도 주님을 따라

주님의 십자가의 길 걷게 하소서.

주님처럼, 주님의 십자가 지고

주님을 따르며,

주님을 바라보며 살게 하소서.


주님! 주님께서 십자가 위에 죽으심으로

주님의 그 낮아지심과 그 크신 사랑을

저희들에게 친히 보이셨음을
제가 깨달아 알게 하소서
주님! 제가 주님의 위대하심을 찬미합니다.
주님의 사랑 많으심을 제가 찬송합니다.

주님! 주님께서 우리의 죄악과 질고의 십자가 지심을
제가 미처 깨닫지 못하고,
이 세상의 죄악 가운데 제가 서 있사오니
주님! 저를 불쌍히 여기소서.
주님의 그 크신 사랑을 깨달아
제가 늘 찬미하게 하소서.
주님의 그 크신 사랑! 주님의 영광!

주님! 제가 주님의 십자가 앞에 엎드려
저의 부끄러운 죄악을 회개하오니
사랑의 주님이시여!
제 인생의 길, 온전히 주님께 두게 하시어
제가 온전히 주님을 사랑하며,
주님! 제가 오직 주님만을 사모하며 살도록 허락하소서.
십자가를 지는 저의 인생의 길! 제가 깨달아,
주님을 위한 십자가의 삶을 제가 살게 하소서.

# 주님의 십자가 앞에 나옵니다

주님! 제가 주님 앞에 나옵니다.

주님! 저를 용서하소서.

제가 주님을 따르지 못했음을 용서하소서.

주님! 저는 저의 죄로 죽을 수밖에 없는 죄인이오니

주님! 주님의 흘리신 그 보배로운 피로

저의 죄악을 씻으소서.


주님! 주님께서 저희들을 대속하기 위해

십자가 위에서 고난당하시고,

대속의 죽음을 죽으셨으니

주님! 저희들이 주님의 십자가를 사랑합니다.

주님! 주님께서 우리 죄인들을 위해 친히

십자가 위에서 고통을 당하시며,

우리의 죄악을 사하시기 위해

저주의 십자가 위에서 운명하셨으니

주님! 저희들이 주님의 은혜를 찬미합니다.


주님! 주님께서는 운명하신 지 사흘 만에

무덤에서 부활하시어

지금도 살아 계시며
저희 믿음의 사람들의 갈 길을
인도하시고 지도하시고 계시죠.
주님! 저희들을 주님의 품안에 두소서.
저희들을 주님의 길로 인도하소서.


주님의 십자가 앞에 나아가
제 지은 모든 죄를 회개하오니
주님! 주님께서 저의 지은 모든 죄를 사하소서.
주님! 저를 받으소서.
주님! 주님만이 저의 주님이시오니
주님! 주님께서 제가 회개함을 보시어
저를 주님의 길로 인도하소서.


오직 주님만이 저를 구속하신 주님이심을
제가 깨달아 알게 되오니
그 빛나고 높고도 높은 보좌 위에 계신 주님이시여!
오직 주님만이 저의 주님이 되시어,
저를 주님의 길로 인도하소서.
주님의 십자가의 길에 저를 두시어,
제가 주님을 사랑하며 살게 하소서.

주님! 제가 주님의 십자가 지고,

주님만을 따르옵니다.

주님! 주님께서 지고 걸어가신 십자가의 길만이

주님께서 제게 원하시는 길이오니

주님! 그 길은 제가 선택하는 것이 아니라,

주님! 제가 주님을 따르기 위해

주님께서 제게 명령하시고,

또한 제가 반드시 가야 할 길임을 깨닫습니다.

주님! 제가 가는 길 가운데 함께 하시어

제가 가는 길이

오직 주님의 영광 가운데 있게 하소서.

주님! 제가 주님만을 사모하며,

주님만을 사랑하며 살게 하소서.

**66** 주님! 제가 주님의 위대하심을 찬미합니다.
주님의 사랑 많으심을 제가 찬송합니다. **99**

– 〈 십자가의 인생 〉 중에서 –

예수님의 십자가 묵상하기

우리 그리스도인들은 주님 앞에 우리의 죄악을 고백하며, 주님의 피 흘리심으로 우리의 죄악을 사유(赦宥)하심을 기뻐합니다. 또한 주님의 영광을 찬송하며 노래 부르는 일을 즐거워합니다.

주님을 찬미하는 것은 우리 그리스도인들이 당연히 하나님께 드려야 할 일과이며, 주님의 영광을 노래하는 것 역시 우리 성도들이 가져야 할 중요한 의무입니다. 다만, 찬송을 드림에 있어 중요한 것은 어떻게 그분께 영광과 감사를 드리며, 어떻게 그분을 높여 드릴까 하는 점입니다.

우리 교회의 뿌리는 예수님의 십자가에서의 피 흘리심에 있습니다. 그분이 희생 제물이 되시어 우리의 죄악을 사하심으로, 우리가 구속의 은총을 입는 은혜 가운데 있습니다.

우리 그리스도인이 누리는 기쁨은 이 세상에서 얻어지는 것이 아니며, 오직 주님께서 걸어가신 십자가의 길을 따라 걷는 데 있는 것입니다.

우리가 사는 세상이 힘들고 어려우며, 또한 고통스럽다 해도, 우리가 일어설 수 있는 힘을 얻는 것은 바로 주님께서 우리와 함께 하시기 때문입니다. 그것이 바로 십자가 위에서 피 흘리신 우리 주님의 구원의 은총입니다. 우리가 평생 노래하여야 할 예수님의 십자가는 우리 그리스도인들이 평생토록 지고 가야 할 주

리를 어루만지시고 계시죠.

주님 앞에 우리는 언제나 부족함과 죄스러움 밖에 없습니다. 주님의 십자가를 바라보며, 주님을 사랑하는 마음으로 그분을 의지하며 그분께 나아갈 때만이, 우리의 삶은 참된 평안을 얻으며 참된 기쁨을 누릴 수 있게 됩니다. 이것이 예수 그리스도 안에서 얻게 되는 그리스도인의 삶의 본질인 것입니다.

주님의 십자가를 바라보며, 그분 앞에 나아가 무릎을 꿇고 엎드려 회개하며, 주님의 도우심을 구하는 우리의 모습이야말로 정말 주님께서 기뻐하시며 받으시는 우리의 참된 모습일 것입니다. 주님 앞에 함께 나아가 우리 모두 무릎을 꿇읍시다. 그리고 그분이 베푸시는 죄 사함의 은총과 기쁨을 함께 누립시다.


주님! 저희들이 주님을 사랑합니다. 주님이 아니시면 저희들은 결코 일어설 수 없고, 주님이 아니시면 저희들은 결코 구원을 받을 수 없습니다. 그러나 주님을 사랑하기에 주님을 의지하며, 주님을 사모하며 살아갑니다. 주님만이 영원히 존귀와 찬양을 받으실 분이시며, 우리를 영원한 주님의 사랑의 품으로 인도하실 분이십니다.

우리의 주님께 영원히 존귀와 찬송이 가득하리로다. 아멘

66 주님을 의지함은 주님께서 날 위해
그분의 모든 것을 내어놓으셨기 때문입니다. 99

- 프롤로그 〈우리가 지고 가야 할 주님의 십자가〉 중에서 -

# 프롤로그

| PROLOGUE |

# 우리가 지고 가야 할 주님의 십자가

우리가 주님을 믿고 의지하는 것은
주님께서 우리를 위하여 친히 십자가를 지시며,
십자가 위에서 고난을 당하셨기 때문입니다.
주님께서 저를 위해
골고다 언덕, 그 십자가 위에서
그분의 몸을 드리시며,
죄악으로 죽을 수밖에 없는
저를 대신하여 희생하셨기 때문입니다.
주님께서 그분의 몸을 드리심으로
물과 피를 쏟으시고
친히 희생 제물이 되셨기 때문입니다.

우리가 주님의 십자가를 사랑함은
주님께서 우리를 위한 대속의 죽으심을
십자가 위에서 당하셨기 때문입니다.
그분이 날 위해 고통을 당하시고,
친히 십자가 위에서 희생 제물이 되시어
저를 위해 십자가에서 못 박히시고
고난당하셨기 때문입니다.

주님께서 저를 위해 대속의 죽으심으로
친히 십자가 위에서 보혈의 피 흘리시며 운명하셨으니
주님! 저희들이 주님을 사랑합니다.
주님께서는 친히 그분의 자신의 몸을
십자가 위에서 희생 제물로 드리셨으니
주님께서 저희들을 위해 사랑으로
주님의 목숨까지도 친히 내어놓으셨으니
주님의 사랑은 바로 주님께서 지신 십자가입니다.

주님! 제가 주님의 십자가를 사랑합니다.
주님의 십자가를 사랑함은 주님의 은혜와 사랑이요.
주님을 의지함은 주님의 은혜와 소망이요.
주님을 의지함은 주님께서 날 위해
그분의 모든 것을 내어놓으셨기 때문입니다.
주님은 십자가 위에서 희생하시며
피 흘리시며 운명하셨습니다.
주님이 고난당하신 십자가를 제가 사랑합니다.
주님이 고난당하신 주님의 십자가를 제가 의지합니다.

주님! 주님께서 지신 그 고난의 십자가를
이제 저도 지고 주님을 따르옵니다.

주님께서 운명하심은

죽음에서 저를 구원하시기 위하심이요

주님께서 피 흘리심은

죄에서 저를 구속하시기 위하심이요

주님께서 저를 위하여 희생하심은

제가 주님만을 사랑하며,

주님만을 의지하며,

주님만을 믿으며,

주님만을 사랑하게 되기를

그리고 주님을 위하여 살기를 원함이셨습니다.


주님! 주님께서 제게 주신

주님의 십자가를 지고

주님만을 따르기를 원합니다.

주님만을 의지하며, 주님만을 사모하며 살기를 원합니다.

주님! 제가 주님을 사랑합니다.

주님께서 저를 위해 희생하신 주님의 그 크신 사랑을

주님! 제가 믿고 의지합니다.

주님! 저희들이 겸손히 주님 앞에 무릎 꿇고 나아갈 때

주님께서 저희들의 기도를 들으시고 주님의 그 크신 은혜를

저희들에게 베푸심을 믿사오니

주님! 제가 주님의 사랑하심만을 믿고

제가 주님께 나아갑니다.

주님의 그 크신 사랑을 믿고, 주님을 의지하며

주님을 사모하여, 주님께 나아갑니다.

주님! 저를 받으소서. 주님! 저와 함께 하옵소서.

주님! 제가 주님을 사랑하오니

저의 일생 오직 주님의 십자가 지고

주님이 가신 십자가의 길 따르게 하소서.

주님! 슬픔이 와도, 고통이 와도

주님만을 위하여, 주님의 길 걸으려 합니다.

주님께서 가신 십자가의 길, 그 길 따라

주님만을 섬기며, 주님만을 사랑하며 살려 합니다.

주님! 제가 오직 주님만을 섬기며 살아가오니

주님! 주님만이 저의 하나님이 되옵소서.

**66** 주님! 저를 주님의 길로 인도하옵소서.
　　　주님! 제 인생의 길이 주님을 기뻐하게 하소서. **99**

　　　　　　　　　　　　－ 〈제가 주님을 기뻐하게 하옵소서〉 중에서 －

# 제1장

# 인생의 고난이 닥칠 때

# 세상 일로 마음이 피로운 날에

주님! 도저히 해결되지 않은 일들로

주님 앞에 나아와 저의 괴로움을 토합니다.

주님! 도저히 사람의 방법으로 해결될 일들이 아니옵고

오직 주님께서 관여하시지 않으시면

제가 이 일들에서 벗어날 수가 없습니다.

주님! 제 마음이 끓는 듯하여

주님께 기도하며, 제 마음을 토합니다.

주님! 저를 용서하소서.

저의 범죄함으로 인해, 저의 어리석음으로 인해

제 마음이 심란스러운 날은

꼭 더 다른 일로 고난을 당하며

저의 마음이 고통스러워합니다.

주님! 저를 인도하소서.

주님! 저의 인생의 길을 주님께서 인도하시고

주님! 저의 삶의 길을 주님께서 함께하소서.

주님은 저의 하나님이시며, 주님은 저의 길이시오니

주님! 저를 주님의 길로 인도하소서.

제 인생이 주님을 향해 달려가오니

주님! 주님의 십자가의 길만이, 저의 삶의 목표가 되오며 주님의 십자가의 길만이, 저의 즐거움이 됩니다.

주님! 저를 용서하소서.

저의 길 주님께서 인도하시고

저의 삶의 방향, 오직 주님께 있게 하옵소서.

주님! 저의 마음은 예기치 않은 일들로 고통스러워하고,

저의 잘못은 아닌데, 이상하게도 구설수에 오르곤 합니다.

주님! 저를 인도하소서.

제가 마음에 고통스러워하는 일들이 많으니, 이 일들이

주님의 은혜 가운데서 하나씩 매듭이 풀리게 하옵소서.

주님! 저로서는 도저히 이해할 수가 없습니다.

왜 이런 해결할 수 없는 일들이

저의 인생 가운데 일어나는지.

주님! 저를 인도하소서.

주님만이 저의 유일한 해결책이시며,

주님만이 저의 인생의 모든 것을 아시는 분이시오니

주님! 주님께서 저를 받으소서.

주님! 제가 주님께 바라오니

주님께서 저의 길 인도하시오며,

주님께서 저를 주님의 쉴 만한 물가로 인도하소서.

주님! 제가 주님을 사랑합니다. 주님!

# 제가 주님을 기뻐하게 하옵소서

주님! 주님의 보혈로 씻김을 받아

믿음으로 주님을 위해 살기를 다짐합니다,

주님! 주님의 은혜로 제가 거듭났기 때문입니다.

주님! 제가 주님을 사모하며, 주님을 의지하는 것은

제가 주님을 사랑하기 때문이며,

주님을 위해 살아가는 즐거움이 제게 있기 때문입니다.

주님! 제가 주님을 사랑합니다.

그럼에도 저의 주위에는 살아가기 어려운

고통스러운 일들이 가득하고,

이 세상의 일들이 싫어, 주님 한분만을 바라보며

주님을 사모하는 일들로 기뻐하며,

제 마음이 즐거워합니다.

주님! 제가 걸어갈 길은 오직 주님 한분뿐이며,

주님을 사모하는 천국의 길을, 제 인생이 소망하여

주님을 사랑하며, 의지하며, 즐거워합니다.

주님! 제가 주님을 사랑합니다.

주님! 제가 주님을 사랑하며, 주님을 의지합니다.

주님! 제가 걸어갈 길은 오직 주님 한분뿐이며

주님을 사랑하는 인생의 길로

주님! 제가 주님을 사모하며 사는 것입니다.

주님! 제가 주님을 사랑합니다.

주님! 제가 주님을 의지하며 사모하오니

주님! 제가 주님의 이름만으로도

주님을 기뻐하며 즐거워합니다.

주님! 저를 주님의 품으로 인도하소서.

저의 인생의 길, 오직 주님께서 인도하시며 살피소서.

주님! 저의 인생의 모두를 주님께서 기뻐 받으소서.

주님! 세상이 저를 괴롭히며, 저를 고통스럽게 하여도

주님! 저는 주님을 기뻐하오며,

저의 인생의 길을 모두 주님께 맡기오며,

오직 주님만을 즐거워합니다.

주님! 저와 함께 하옵소서.

주님! 저를 주님의 길로 인도하소서.

주님! 제가 저희가 주님을 사모하는 마음으로

주님을 섬기며 살며,

제 남은 인생이, 온전히 주님을 기뻐하며 살게 하옵소서.

주님! 제가 주님을 사랑합니다.

주님! 저를 주님의 길로 인도하옵소서.

주님! 제 인생의 길이 오직 주님께 있게 하옵소서.

# 주님! 제게 왜 이리 어려운 일이

주님! 제게 왜 이리 어려운 일이 일어나고
제게 왜 이리 고통스러운 일들이 많이 일어나는지요?
주님! 제가 주님 앞에 나아가, 주님의 이름을 부르며
주님의 그 이름을 사모하며
주님의 그 사랑의 이름을 의지하며 살아갑니다.
주님! 저와 함께 하옵소서.
주님! 저를 인도하옵소서.
주님! 저의 인생의 걸어갈 길이
오직 주님께서 인도하시는 길이오니
주님! 제가 주님을 섬기며, 주님을 따르기를 원하옵니다.
주님! 저를 보호하옵소서.
주님! 제가 주님 앞에 엎드리어
제가 주님을 섬기며 주님을 사랑하길 원하옵고,
주님! 저는 주님을 사랑하는 마음으로
주님을 섬기며 살기를 원하옵니다.
주님! 저를 인도하소서.
이 세상이 싫어 주님께로 숨기를 원하오니
오직 주님만이 저의 피난처가 되시며
제 인생의 길을 평탄케 하시길 원하옵니다.

주님! 왜 이리 세상이 험악하고,

왜 이리 악한 사람들이 많은지요.

세상이 의로운 사람들을 괴롭히며

세상이 저희들을 괴롭게 하오니

주님이시여! 저를 주님의 길로 인도하옵소서.

주님! 주님 없인 저희들이 이 세상을 살 수가 없고

주님 없이는 더 이상 일어설 길이 없습니다.

주님! 저와 함께 하옵소서.

주님! 저를 주님의 길로 인도하옵소서.

제 인생의 걸어갈 길이

주님께서 저에게 맡기신 길이오니

주님! 주님께서 저를 인도하소서.

제 인생의 길이 주님께 있음을 기억하시어

주님! 항상 제가 겸손히

주님을 바라보며 살게 하옵소서.

주님! 제가 주님을 사랑하옵니다.

주님! 저를 인도하소서. 아멘.

# 주님! 이처럼 피곤한 일이

주님! 살아보면 이처럼 피곤한 일이 있을 수 없고
이처럼 고통스런 일이 있을 수 없습니다.
그럼에도 제가 주님께로부터 위안을 받는 것은
주님께서 말씀하신 그 약속의 말씀이니
"내가 너를 악한 자의 손에서 건지며
무서운 자의 손에서 구원하리라."(렘15:21)는
주님의 말씀을 통하여 위로를 얻습니다.
주님! 제가 기억하는 것은
주님께서 저를 위하여 지신 십자가요
주님! 제가 기억하는 것은
오직 주님께서 저를 위하여 십자가 위에서 피 흘리신
주님의 그 크신 은혜이며, 사랑입니다.
주님! 제가 주님의 사랑의 말씀으로 위로를 얻습니다.
주님! 저를 구원하소서. 주님! 저를 인도하소서.
주님! 저와 아무런 상관이 없는
이 세상 악인들의 모습을 보옵소서.
그들은 의인들에 대하여 함부로 입을 놀리며,
그들은 주님의 의인들에 대하여
자신의 마음껏 지껄입니다.

그러나 우리 주님은 강하시고 위대하신 분이시니

주님! 저희들이 죄악에서 돌이켜 주님께 가까이 나아가며

오직 주님께서 저를 구원하심을 믿습니다.

주님! 저를 인도하소서.

주님! 제가 범죄하여 주님을 멀리하며,

주님을 부인하며 살아왔습니다.

주님! 제 부끄러운 죄악을 도말하시고,

제가 슬픔으로 주님 앞에 돌아가오니

주님! 주님께서 저를 용서하시고, 저를 받으소서.

주님! 오직 주님께서 저를 십자가의 사랑으로 안으시고,

저를 주님의 길로 인도하소서.

주님! 제가 죄악에서 돌이켜 주님을 사랑함으로 보시고

저를 주님의 생명의 강가로 인도하소서.


_ 참으로 세상의 악인들이 뛰어 노는 세상입니다. 모든 것을 자기 중심으로 해석하고, 자신만의 관점에서 전혀 다른 사람을 고려하지 않는 그런 세상입니다.

_ 우리 그리스도인들은 그 가운데서 당혹스러워하며 평탄한 오늘을 간구합니다. 주님의 도우심을 구하며, 혹 우리 주위에 일어나는 이런 일들이 우리의 죄악으로 인함은 아닐까 다시 돌이켜봅니다. 그리고 회개하며, 주님께 나아가 주님의 도우심의 손길을 구합니다.

# 주님! 저의 가슴이 탑니다

– 투자의 실패 후에

주님! 왜 저의 마음은 바람의 겨와 같으며
왜 강아지풀보다 여린지를 알지 못합니다.
주님은 강하신 분이시며
저를 인도하시는 위대하신 분이신데,
저는 수시로 마음이 갈대와 같이 팔랑거리며
마음이 흔들거리고 마는지
그 이유를 알 수 없습니다.
저의 마음이 너무나 요동쳐, 제 마음이 슬퍼하오니
주님! 저를 불쌍히 여기시고,
주님! 저를 기억하여 주옵소서.

주님! 왜 이런 건지요.
주님! 저는 알 수 없습니다.
주님! 저의 마음을 진정시키시고, 견고케 하시어
저의 부가 증식되도록
저의 마음의 안정을 허락하옵소서.
투자의 이윤을 회수하는데
어려움이 없도록 도우소서.

주님! 저의 마음은 바람에 흔들리는 갈대와 같으며,
저의 마음은 매우 불안정하여 고통스러워합니다.
주님! 제가 주님께 부르짖사오니,
주님! 주님께서 저의 기도를 들으시고
저의 잘못된 투자로 인한 실패와 저의 잘못된 행동을
주님! 주님께서 살펴보옵소서.


주님보다 세상의 물질과 돈에 대한 저의 마음이
또 하나의 우상을 섬기고 있사오니
그냥 제 마음은 슬플 뿐이옵니다.
주님! 저의 마음을 붙드소서.
주님! 저를 불쌍히 여기소서.
주님! 제 마음이 주님으로 견고케 하옵소서.


주님! 제가 주님께 간구하옵고 또 간구하오니
주님! 제가 주님께 고통으로 호소하는 소리를 들으시고,
주님! 제가 주님을 사모하며, 사랑함을 기억하옵소서.
주님! 제가 주님께 간구하오니,
주님! 주님께서 저의 기도소리 들으소서.
주님! 저의 마음의 답답하며, 가슴이 터질 것 같사오니
주님! 저의 가정의 잃어버린 믿음을 회복시켜 주옵소서.

주님! 제가 지금까지 주님을 잘 섬기지 않아

제가 잃어버렸던 것들 하나하나를

주님! 주님의 이름으로 회복시켜 주옵소서.

주님! 주님은 저의 하나님이시며, 구속주이시니

주님! 주님은 저의 영원한 구원이시니

주님! 주님을 제가 주님의 그 구원하심을

제 마음에 확고히 믿으므로

주님! 제가 주님께로부터 담대함을 얻습니다.


주님! 주님의 이름으로, 주님께 간절히 기도드리오니

주님! 저의 기도를, 주님의 이름으로 들어주옵소서.




_ 참으로 어려운 때입니다. 목회자나 성도들의 기도가 가뜩이나 필요한 때입니다. 투자를 실패했을 때, 돌아보면 주님에 대한 저의 올바르지 못한 생활 때문이며, 주님을 바로 섬기지 못한 저의 죄악 때문입니다. 저의 마음이 고통스러울 때, 저는 더욱 간절히 주님을 찾게 됩니다.

_ 주일 오후 오늘은 교회 모임 때문에 저녁 기도를 한 시간을 겨우 넘겼습니다. 그리고 저녁 성경 공부 모임. 우리 모두 주님의 도우심을 기도합니다. 이 땅에 주님의 음성이 가뜩이나 필요한 때라는 것을 깨닫게 됩니다.

# 회개의 기도

주님! 제가 주님 앞에 정말 두렵고 떨리는 것은
주님의 회계(會計)하심이
너무나도 정확하다는 것입니다.

주님은 십자가 위에서 몸 버려 피 흘리시어
저의 죄악을 구속하시기 위해
십자가 위에서 고난을 당하셨습니다.

주님 앞에 저의 마음이 높아지고,
또한 제가 스스로 높아지려고 할 때
주님께서는 어김없이 무엇으로든
저를 징계하시어
어둠속에서 저를 건져내시며,
세상의 죄악으로부터 저를 격리시키심을 봅니다.

주님 앞에 겸손히 낮아져, 엎드려 기도하면
주님께서 저를 용서하시고,
그 모든 것으로부터 저를 회복시키심을 봅니다.

주님! 두렵고 떨림이 제게 있습니다.

주님의 십자가 앞에 엎드리오니

주님! 주님의 보혈의 피로 저를 씻기시고

제가 더 이상 주님께 범죄하지 않도록

저를 불쌍히 여기시고,

주님의 강한 의지를 제게 허락하여 주옵소서.


주님! 주님을 사모하며 사는 저희는

주님의 은혜가 아니면, 저는 결코 일어설 수가 없으며

주님의 은혜가 아니면, 그 아무것도

주님! 이룰 수가 없습니다.

주님! 저와 함께 하옵소서.

주님! 주님께서 저를 불쌍히 여기시고,

주님! 저를 인도하옵소서.

주님! 저의 길은 오직 주님께 있사오니

주님! 저와 함께 하옵소서.

저를 버리지 마옵소서.


주님! 제가 주님을 섬기려 하오나, 저의 죄악이 너무 커

주님! 주님 앞에 두렵고 떨리어 엎드립니다.

주님! 제가 주님 앞에 두려움에 떨며 서서

주님 전에 부르짖이, 저의 부끄러움을 고백함은
주님! 제가 주님 전에 범죄하였기 때문입니다.


주님! 주님의 십자가 위에서의 희생과
주님께서 흘리신 보혈의 피가 아니면
저는 결코 일어날 수가 없사오며,
저는 결코 주님 앞에 나아갈 수조차 없습니다.
주님! 저를 받으소서.
주님! 주님께 저의 삶을 드리오니
주님! 주님께서 저의 길을 받으시옵소서.


주님! 주님께서 저와 함께 하시고, 저의 길을 세우시어
저를 주님의 품으로 인도하소서.
주님! 제가 주님을 사모하옵고, 또 사모하오니
제 인생의 가야 할 길을 아시는 주님!
주님! 주님께서 저의 길, 지도하소서.
주님! 제가 주님을 부끄러워하지 않게 하옵소서..
주님! 제 일생이 주님을 사모하게 하소서.


우리의 주님! 우리의 영광의 주님이시여!
주님의 십자가의 보혈의 피로

제가 거듭났사오니

주님의 손길을 간구하며 또 기다립니다.

주님의 은혜를 구하며 또 간구합니다.

거룩하신 주님! 제가 주님 앞에 무릎을 꿇고,

위대하시고도 거룩하신 주님의 영광을 구하오니

주님! 제가 영광의 주님을 속히 뵈옵게 하옵소서.


주님! 제가 저의 마음 속 깊이 주님을 신뢰하고,

또 주님을 두려워하며

저의 심령이 두렵고 떨림으로, 주님을 사모하오니

주님! 이 죄악 된 세상에서,

이 병든 몸을 이끌고

주님께 기도하며 나아갑니다.

주님! 주님의 그 겸손함을 제가 배우고,

제가 간직하게 하소서.

믿음 없는 이 세상의 타락한 언어를 버리게 하시고

주님만을 사모하며 사는

그 기쁨과 즐거움이 항상 제게 있게 하옵소서.


주님! 주님은 위대하시고도 거룩하신

우리의 주 하나님이시오니

주님의 그 겸손하심과 낮아지심으로
우리 인간의 몸을 입으시고
십자가를 지시고, 그 십자가 위에서
몸 버려, 피 흘리시며,
우리를 위하여 희생하였사오니
주님! 제가 주님을 섬기며,
제가 또 주님을 사랑합니다.
주님! 주님께서 십자가 위에서 희생하신
주님의 모습을 제가 바라보오니
주님! 제가 주님만을 따르며,
주님만을 섬기게 하옵소서.

주님! 주님의 이름으로 오시는 성령님을
제게 한량없이 부으시어
제가 흐트러지거나, 곁길로 나가거나
이 세상의 죄악에 빠지지 않게 도우시고,
주님! 제가 주님만을 영원히 사랑할 수 있도록
주님! 저를 도우시고 인도하소서.
주님! 주님의 사랑을 제게 허락하옵소서.

# 주님! 저의 마음이 왜 이런가요

주님! 투자의 실패 후에 저의 가슴은 탑니다.
주님이 아니시면,
저는 결코 일어설 수 없고,
제가 당초 보았던 명확한 판단도
자본이 없어, 그 어떤 것도 진행하지 못합니다.

주님! 그렇습니다.
저는 부족하여 주님의 뜻을 이해할 수 없고
제 자신이 주님보다 세상을 더 숭배하고
이 세상을 더 사랑함을 보게 됩니다.

주님! 이 죄악 많은 저를 용서하소서.
주님! 제 마음이 주님을 향하여 좌정하도록
주님께서 저를 불쌍히 여기시며,
주님께서 저를 보옵소서.
주님! 저의 인생은 오직 주님의 것이오니
주님! 저의 마음을 주님께 두게 하시고
저를 주님의 품으로 이끄소서.

주님! 저의 마음은 아직도 애가 탑니다.

저의 잘못된 결정으로 인해

여러 번 폐해를 입었고,

제 여린 마음으로

이 해 벌써 여러 번의 실패를 경험했습니다.

주님! 주님께 기도드리면

그 어려운 일들도 하나씩 쉬이 풀리는데,

저는 부끄러운 마음으로

주님의 얼굴을 찾아뵙지 못하고 괴로워합니다.


주님! 저를 용서하소서.

주님! 저를 불쌍히 여기소서.

주님! 저의 불쌍한 모습, 믿음 없는 모습을

주님께서 저를 가련히 보시고,

주님! 저의 인생을 도우소서.

주님! 저를 주님의 품으로 인도하소서.


제 인생은 오직 주님의 것임에도

저는 하찮은 일들에 목이 메고

그 사라지고 말 쓸데없는 일들에

제 인생을 허비하고 마오니

주님! 저를 불쌍히 여기소서.

제 인생이 부끄럽고 또 한심스러워

주님! 제가 주님을 뵈오며, 슬퍼하며 탄식합니다.


주님! 제가 저의 죄악으로 인하여

제가 이렇게 제 마음이 고통스러우니

주님! 저를 불쌍히 여기시어, 저를 안정시키소서.

주님! 주님의 쉴 만한 물가로 저를 인도하소서.

주님! 이 세상의 일들로 힘들고 어려워하는 이들에게

이 세상 때문에 고통당하며 괴로워하는 이들에게

주님! 다가가시어 친히 말씀하시며 위로하옵소서.


주님! 제가 무엇을 어떻게 설명하며

주님! 제가 이웃에게 무엇을 전할까요?

제가 경험했던 고통으로 주님 앞에 아뢰었을 때

주님께서 제게 응답하시고

저를 회복시키셨음을 전할까요?

주님의 그 사랑을 전할 수 있도록

주님이시여! 제게 힘을 주소서. 제게 용기를 주소서.

주님! 제게 은혜를 베푸시어

주님! 저를 회복시키시어

제가 주님의 복음을 전할 수 있도록
제게 주님의 보혈의 능력을 허락하소서.


주님! 제 마음이 슬퍼 죽게 되었사오니
주님! 제 잃어버린 가계를 회복시켜 주옵소서.
그렇더라도 제가 잃어버린 것들을
주님보다 더 사랑하지 않게 하시고,
주님! 제가 주님만을 기억하며,
주님만 바라보며 살도록 허락하옵소서.
주님! 저를 불쌍히 여기시어
저를 주님의 품으로 인도하소서.


주님! 이 모든 일들이
주님 안에서 회복될 수 있도록 제게 허락하소서.
그리하여 저의 가정과 이웃들에게
주님의 살아계심을 전할 수 있도록 허락하소서.
주님! 주님께서 저희들과 함께 하심을
주님의 그 크신 사랑을 제가 전할 수 있도록
주님! 주님의 그 크신 능력과 사랑을 제게 베푸소서.

# 고통으로 가슴이 저려올 때

주님! 하찮은 이 세상의 일들로

저의 가슴이 저려올 때 저희들을 향한

주님의 그 사랑의 마음을 되새깁니다.

주님! 저를 인도하소서.

제 인생이 주님을 사랑하므로

주님의 이름이 높아지며,

제 인생이 주님의 마음을 닮아

주님을 찬송하렵니다.

주님! 저를 인도하소서.

주님! 제가 주님을 사랑하며 사모하오니

만왕의 왕! 만주의 주님이신 예수 그리스도시여!

저를 주님의 품으로 인도하소서.

영광이 가득한 우리의 왕!

위대하신 우리의 주 하나님이시여!

제가 끊임없이 주님께 영광을 돌립니다.

주님! 저를 인도하소서.

주님! 제가 주님께 기도합니다.

이 아픈 가슴을 주님께 내어 놓사오니

주님이시여! 저의 영혼! 주님께서 받으소서.

주님! 저의 영혼! 고통스럽지 않게 하시고,

제가 매일매일 주님의 거룩하신 이름을 불러

주님의 그 크신 사랑을 기뻐하게 하소서,

주님! 저는 저의 부끄러운 의사 결정과 투자의 잘못으로

제 온 가슴이 애절하게 시릴지라도

저는 주님의 영광을 찬미하오며,

주님의 그 높으신 이름을 온 세계에 전하오리니

주님! 저를 주님의 사랑의 품으로 인도하소서.

제 영혼이 주님을 사랑하는 마음을 가져

주님께 영원토록 영광과 찬미를 드리게 하옵소서.

_ 우리가 믿음 없이 하는 일들이 실패하는 것을 가끔 경험하게 됩니다. 기
도로 준비하지 않으면 안 된다는 사실 또한 알게 됩니다.

_ 경제가 어려운 이때, 우리 모두 주님의 도우심을 구하여야 할 때입니다.
공의와 정의를 부르짖으시는 주님 앞에, 우리 모두 엎드리어 주님의 도우
심의 손길을 구하는 일이 필요한 때입니다.

# 주님께서 내게서 자금을 가져가실 때

주님! 제가 어렵고 힘이 들 때,
주님! 제가 사업에 실패했을 때
주님! 제가 주님께 서원한 것을 갚지 않아
제 주머니의 자금이 크게 손해를 입었다고 느낄 때
그제야 주님의 얼굴을 뵈옵니다.

주님! 부끄러움은 바로 이것입니다.
주님의 뜻을 깨닫지 못해
제 많은 것을 잃어버리고서야
주님의 그 크신 은혜와 사랑을 기억합니다.

주님! 저를 용서하소서.
주님! 저를 불쌍히 여기소서.
주님! 저는 죄인입니다.
이 세상의 것들 때문에, 이렇게 고민하고,
이렇게 염려하는 제가 어찌 주님 앞에 설 수 있겠사오며
어찌 주님의 뜻을 좇아 살 수 있겠습니까?
주님! 바로 이것이 저의 모습입니다.
주님! 이 불쌍한 저를 용서하소서.

주님! 저는 주님 품안에서 기도하며 쉬고 싶고,

온전히 주님의 말씀에 묻혀, 주님의 얼굴을 뵈오며

주님만 따르며, 주님만을 사랑하며 그렇게 살고 싶습니다.

제 마음은 끊임없이 주님을 원하는데

저는 아직 주님께 멀리 있어, 주님을 뵈옵지 못합니다.


주님! 저를 용서하옵소서. 주님! 저를 불쌍히 여기소서.

주님! 제가 주님께 바라오니,

주님이시여! 저를 불쌍히 여기시어

저의 모든 것을 주님께서 회복시키소서.

이 세상에서 실패한 제가 어찌 이 몸으로

주님의 말씀을 전할 수 있겠습니까?


제가 일어남은 주님의 사랑이요.

제가 주님을 따름은 주님의 은혜이오니

주님! 제가 주님께 간구합니다.

주님! 저를 주님의 품으로 인도하시고

저를 주님의 길로 이끄소서.

주님! 주님께서 온전히 저와 함께 하옵소서.

주님! 주님의 그 사랑을 제가 전할 수 있도록

주님! 주님의 그 부드러운 손길을 제게 허락하소서.

# 저의 부족함으로 믿음 없음으로

주님! 저의 부족함으로, 저의 믿음 없음으로
주님! 제가 많은 것을 잃어버렸습니다.
주님! 주님께서 저를 보호하시고,
저를 인도하시지 아니하시면
제가 가진 재산은 바람 앞의 겨와 같이 날아가 버리고
저는 고아와 같이 되고 말 것입니다.

주님! 제가 주님을 신뢰하지 못했음을 용서하소서.
주님! 오직 감사와 믿음으로, 주님을 섬기게 하시고
주님! 제가 주님의 길을 따라, 주님을 위하여 살게 하소서.
주님! 저를 주님의 길로 인도하소서.
주님! 이 부끄러운 죄인의 믿음 없음을
주님! 주님께서 용서하여 주시옵고,
주님! 제가 오직 주님을 사랑함으로
주님만을 섬기며 살게 하소서.

주님! 저를 불쌍히 여기소서.
주님! 제가 주님께 부르짖사오니
주님! 제가 있어야 할 곳을 알게 하시고,

주님! 저의 모든 것을

주님을 중심으로 회복시키소서.

주님! 저는 가난뱅이가 되었사오니

주님의 뜻이 아니고는

저는 결코 일어날 수가 없고

주님의 뜻이 아니고는

저는 결코 주님의 길을 갈 수가 없습니다.

주님! 저를 인도하소서.

저의 가는 길, 주님께서 도우소서.

제가 주님을 알지 못하는데

어찌 제가 주님의 이름을 전하며,

어찌 제가 주님의 도우심을 말할 수 있겠습니까?


주님! 저를 도우소서.

주님! 저와 함께 하옵소서.

주님! 저를 불쌍히 여기시어

주님! 저를 인도하옵소서.

주님! 제가 주님께 간구하오니,

주님의 뜻! 제게 나타내소서.

주님! 주님의 뜻과 그 사랑을

제가 전하며 살게 하소서.

# 이럴 땐 어떻게 해야 하나요?

주님! 온 세상이 캄캄하고 어둡고 어려워지는데
이런 때 저는 어떻게 해야 하나요?
슬픔도 눈물로 가득한데,
이런 때 저는 어떻게 해야 하나요?


주님! 주가는 떨어지고,
부채는 늘어나고
저는 오갈 데가 없는데,
주님! 저는 어찌 해야 하나요.
가진 것도 없고, 슬픔과 눈물뿐인데
저는 무엇으로 위로를 받으며
어디에서 주님을 찾아야 하나요?


주님! 제가 미혹의 영에 빠져
가장 최악의 선택을 했을 때에도
돌이켜보면, 저는 제가 지은 죄악밖에 보이지 않습니다.
세상의 쾌락과 돈에 눈이 멀어
주님을 묵상하는 일이 게을러지고
주님을 사랑하지 못하며 살았습니다.

주님! 저를 용서하소서.

제가 주님의 뜻을 멀리하였던 죄악을 용서하소서.

주님! 제가 주님의 뜻을 저버림으로

제 가슴이 쓰라리고 고통스러우니

제가 주님께 회개하고 나아가

주님을 섬길 때에야

주님의 깊은 용서의 사랑 안에서

크나큰 기쁨을 누립니다.


주님! 저를 용서하소서.

주님! 제가 모든 것을 잊고

주님을 사랑하며 살도록 저를 이끄시고,

주님! 제가 주님을 사랑하며 살게 하소서.

주님! 저는 부끄러움에 허덕이니

주님! 저를 치료하시고,

주님의 보혈로 저를 깨끗하게 씻기소서.

주님! 주님의 보혈로 저를 덮으소서.

주님! 제가 주님께 간구하오니

주님! 주님의 사랑으로

저를 안으시고 보호하소서.

# 주님! 제 마음이 슬픕니다

주님! 저의 마음이 심히 슬픕니다.
왜 이렇게 저의 인생이 평탄치 못한지요.
성공한 사람들의 이야기를 들어보면
그들 또한 모두 다
고통을 한번씩 겪고 난 경험이 있는데
저는 왜 좌절하는지요?
저는 왜 일어서지 못하며,
왜 이리 시름에 빠져 허덕이는지요?


주님! 저는 저의 부끄러운 모습과
저의 죄악의 부끄러움으로
주님 앞에 엎드려 일어날 수가 없습니다.
오직 주님 앞에 엎드려
주님의 인도하심만 기다립니다.
주님! 모든 것이 더욱 불확실해질 때
더더욱 주님께 나아가
주님께 간구합니다.
제 인생의 길을, 제 인생의 여정을
주님께 아뢰며, 평탄한 길을 간구합니다.

주님이시여! 저를 불쌍히 여기시고,

저와 함께하소서.

주님! 제가 더 이상 일어날 수 없을 것 같은

이 험준하고도 고통스러운 인생의 길에 서서

주님의 얼굴을 뵈옵고 싶어, 또 주님께 간구합니다.

주님! 저를 인도하옵소서.

제 인생의 여정을 아시는 주님!

저는 주님 앞에 엎드리어

울고 또 울며. 울며 또 주님께 부르짖사오니,

주님! 저를 불쌍히 여기소서.

주님! 더 이상 저를 버리지 마시고,

주님! 저와 함께 하옵소서.


제 인생을 주님께 의탁하오니

주님! 주님께서 저의 인생의 길을 받으시옵고,

주님이시여! 저를 불쌍히 여기시며,

저를 버리지 마옵소서.

주님! 주님의 길로 저를 인도하소서.

# 주님! 제 영혼이 엎드리어

주님! 제 영혼이 엎드리어
주님께 노래 부르며,
주님! 제 영혼이 주님께 엎드리어
제 인생의 전부를 주님께 드립니다.

주님! 주님의 십자가의 사랑,
주님의 십자가의 은혜
주님! 제가 잊지 않고, 마음에 새기며,
주님을 생각합니다.

주님께서 십자가 위에서 피 흘리심은
저를 위하심이요
주님께서 십자가 위에서 날 위하여 죽으심은
저를 향하신 주님의 그 크신 사랑 때문이셨습니다.

주님! 제가 주님을 사랑하여
주님의 길을 따르며,
제가 주님을 사랑하여
주님의 의의 길로 제가 걸어가옵니다.

주님! 저를 용서하소서.

주님! 저와 함께하소서.

제 인생을 아시는 주님!

저를 주님의 길로 인도하소서.


주님! 저의 마음이 두렵고,

심히 아프고 떨리오니

주님! 저를 주님의 품으로 이끄소서.

저를 주님의 품으로 인도하옵소서.


주님! 제가 주님께 엎드리어

주님 앞에 회개하오며, 주님께 경배 드리오니,

주님! 제가 주님을 사랑할 수 있도록,

주님! 저를 도우소서.

주님! 제가 주님을 영원히 찬송할 수 있도록

주님! 저를 주님의 의의 길로 인도하소서.

주님의 품으로 저를 인도하소서.

# 주님! 저의 마음은 슬퍼요

주님! 제가 가진 것들이
걷잡을 수 없이 떨어질 때
주님! 저는 알지 못합니다.
왜 이렇게 어려운지를.

주님께서 주시는 복은 평안과 행복이며
주님께서 주시는 재물은 근심이 없다고 했는데
조금만 돌이켜 보면
저의 삶에 큰 문제가 생겨나고 있음을 봅니다.

주님! 저의 인생은 어디에 있는 것인지요?
주님! 저의 인생은 무엇인지요?
주님! 저는 정말 알 수 없습니다.
주님의 뜻과 사랑을.

주님! 제가 조금만 돌이켜 보면
주님! 제가 주님께 드린 저의 잘못은
주님께로부터 멀어진 것이며
주님을 가까이 하지 못하고

주님을 기억하며,
주님을 멀리한 것입니다.


주님! 저의 죄과가 어찌 그리 큰지요.
주님! 저는 지금 어디 머물며,
어디에서 주님을 섬겨야 하는지요.


주님! 저는 잃어버린 것이 이렇게 많은데
저는 어디에서 어떻게 이 부족한 것을 채울까요?
얻은 것보다 잃어버린 것이 너무 많아
저의 가슴은 뼈가 아픕니다.


저의 심장까지 떨리오니
이 어려움에서
저를 구원하여 주옵소서.
주님! 제게 주님의 구원을 베푸소서.
주님! 제가 주님을 섬기며 따름을 보시고,
저를 주님의 품으로 이끄소서.

# 내가 주님 앞에 겸손하고 낮아지므로

– 투자의 실패와 회복 후에

주님께 감사드릴 일은
주님께서 언제나 저를 사랑하신다는
그 사실을 제가 항상 깨닫는다는 것입니다.

깊은 투자의 실패를 경험할 때도
돌이켜 보면, 주님 전에 자고(自高) 했고,
제가 세상의 생각과 욕망에 빠져
주님을 멀리 하던 때였습니다.
자신감에 차 있었고,
모든 것을 제가 할 수 있다고 생각했으며,
세상의 즐거움에 빠져
주님께 기도 또한 게을리 하던 때였습니다.

주님! 제가 세상의 방법으로 돈을 벌며,
세상의 물질과 돈에 매여,
그것이 제 인생의 전부인 양
그렇게 자신 있게 살아가던 때였습니다.
주님 앞에서 제 부끄러운 모습을 알지 못하던 때였습니다.

주님! 제가 주님의 살아계심을 깨닫지 못하고
제가 당돌하게 자만에 차 있었습니다.
추하고, 더럽고, 나태한 저의 부끄러운 죄악의 모습을
주님께서는 말없이 너그러이 바라보시고 계셨죠.
주님에 대한 두려움 없이
오만과 자만에 차 있던 저의 모습을
주님께서는 그 크시고 부드러우신 손으로
저를 어루만지시고 계셨죠.

주님! 주님께서는 저에 대하여
제가 주님만을 신뢰하며,
주님 앞에 낮아지기를 바라시고 계시죠.
제가 겸손해지며, 주님의 말씀을 신뢰하며,
주님에 대한 경외와 두려움으로
주님만을 섬기며,
주님을 향한 저의 소명을 잊지 않기를 바라시고 계시죠.

주님! 제가 오직 주님만을 바라봄으로
주님의 방법대로 제가 살아가야 함을
주님! 제가 주님께 기도드릴 때마다 깨닫습니다.
주님! 주님 앞에 제가 겸손하게 엎드리어

무릎을 꿇으며,

저의 부끄러운 죄악을 자복하고 회개하고서야

주님께서 이 모든 것을 서서히

그리고 저희들이 알지 못하는 방법으로

주님께서 순조로이 회복시키심을 봅니다.


저희들이 알지 못하는

오직 주님의 방법으로

주님께서 놀라울 정도로 조용하면서도

빠르게 안정시키시는

주님의 모습을 보고서야 또 깨닫습니다.


제 방법이 아니라,

오직 주님의 방법으로써만

이 모든 것이 가능하다는 사실을.

그리고 반드시 그렇게

주님의 뜻 안에서

살아가야 한다는 것을.

# 주님의 십자가 앞에 나아와

주님! 제가 주님의 십자가 앞에 나아와
주님 앞에 저의 무릎을 꿇습니다.
주님! 제 마음이 어두워져 주님을 뵙지 못하고
고통을 이기지 못하여, 주님의 십자가 앞에 엎드립니다.
주님! 제 마음이 심란하고 고통스러워
주님 앞에 나와 저의 인생의 길을 묻습니다.
주님! 저의 인생은 오직 주님의 것이니
주님 앞에 나아와 주님께 무릎을 꿇습니다.
주님! 저를 인도하소서.
주님은 제 인생의 유일하신 희망이시오니
주님! 저와 함께 하옵소서.
주님만이 저의 인생의 소망이 되시며,
제가 영원히 바라보며 걸어가야 할 인생의 길이시오니
주님! 제 나약하고 어두워진 영혼을 불쌍히 여기시고
주님! 저를 보호하소서.
주님! 저는 오직 주님 한분만으로 기뻐하며 즐거워하오니
주님! 주님만이 제 인생의 주인이 되옵소서.
주님! 제가 주님의 십자가 앞에 나아가 엎드리오니,
주님! 제 인생이 주님만을 사랑하게 하옵소서.

# 왜 나는 바로 서지 못하는가

주님! 주님께서 저를 향하여 끊임없이
저를 부르시고 계심에도
주님! 저의 마음은
언제나 부끄러움과 슬픔뿐입니다.

언제나 주님의 가르치신 말씀을 떠나
주님의 마음을 아프게만 하는 일들만 합니다.
심히 자금의 압박을 받고서야
그제야 주님을 찾고
주님께서 우리가 전혀 깨닫지 못하는
놀랍고도 오묘하신 방법으로
제가 잃어버린
이 모든 일들을 차츰차츰 회복시키심을 봅니다.

주님! 저는 왜 이리 부족함뿐입니까?
왜 이리 저의 마음은
주님을 끊임없이 찬송하지 못합니까?
주님께 끊임없이 질문을 다시 되뇌이며,
그 질문을 다시 드리곤 하지만

저에게 남은 것은
부끄러움과 죄악의 모습뿐입니다.


지나보면 잃어버렸던 것들의 회복은
주님 전에 엎드려 겸손하게 주님께 돌아갈 때였고,
주님께 회개하며 용서를 구하던 바로 그 때였습니다.
주님! 깨닫습니다.
주님께서 저를 지극히 사랑하시고 계심을.
주님! 알게 됩니다.
주님께서 저와 항상 함께 하시고 계심을.
주님께서 저의 아버지께도 함께 하셨던 것처럼
주님께서 저와 함께 하시고 계심을.


주님! 항상 죄스런 마음밖에는 없습니다.
주님께서 그렇게 저를 인도하시고 보살피심에도
저는 주님의 그 사랑을 깨닫지 못하고,
주님 앞에 부끄러이 바로서지 못하는
그 한심함이 아직도 제게 있습니다.
매번 보여주시는 회복의 결과를 볼 때마다
제가 회개하며, 겸손하게 주님 전에 엎드리지만
저의 마음은 언제나 부족함 뿐입니다.

주님! 주님께서는 늘 저와 함께하시며,
주님의 방법으로 늘 회복시키심을 보는데
왜 주님! 아직도 저는 아직도
주님 앞에 바로 서지 못하는 것입니까?

주님! 다시 또 알게 됩니다.
기도 외에는 이런 유(類)가 나갈 수 없다는 것을.
주님의 말씀처럼
유혹과 시험을 이길 힘은 기도뿐인데
저는 기도를 쉬고, 잠자고 있음을 알게 됩니다.
주님께서 말씀하시는 겸손함을
제가 아직도 다 배우지 못하고,
주님의 말씀처럼 이웃을 대신하여 주님께 탄원함으로
주님의 도우심을 구하여야 함을
제가 잊어버렸음을 깨닫게 됩니다.

주님! 이 부끄러운 죄인이 주님 앞에 간구합니다.
주님! 제가 주님을 오직 나의 주, 나의 하나님으로
제가 분명하게 인식하여
주님! 오직 주님 한분만을 사모하며 살게 하소서.
주님! 이제는 제가 주님만을 사모하며 살려 합니다.

---

주님! 제가 젊은 날, 그렇게 기도하며 또 간구했던 것처럼

주님! 그렇게 기도하며 살려 합니다.

갈 길 몰라, 주님 앞에 나아가

매일매일 울며, 주님께 부르짖으며,

그렇게 기도하며 살았던 것처럼

그 결과, 주님의 그 응답하심을

제가 분명히 경험했었던 것처럼

주님! 매일매일 그렇게 주님 앞에 나아가

주님께 기도하며 살려 합니다.

주님! 저를 도우소서.

주님! 주님의 사랑하는 자녀들을 찾으며

그렇게 기도하며 살려 하오니

주님! 주님의 십자가의 길, 제가 깨달아 알게 하소서.


지금까지 지키셨고, 또 앞으로도 지키시겠다고

저에게 약속하신 주님!

주님께서 제게 소망을 주려하신다는

그 말씀처럼(렘29:11)

제가 젊은 시절, 주님계로부터 받았던

그 약속의 말씀처럼

저도 그렇게 그렇게 주님을 사모하며 살게 하소서.

주님! 저를 도우소서.

주님! 제가 주님의 뜻을 저버리지 않게 도우소서.

잃어버린 한 어린 양을 찾으시기를 원하시는 주님!

저도 주님의 뜻을 따라

주님의 사랑하는 자녀를 찾게 하소서.


제 인생의 길을 인도하시는 주님!

제 인생의 여정을 지키시는 주님!

저의 가는 길, 저의 앞날의 길, 오직 주님께서 인도하시어

주님! 제가 주님을 사랑하며, 주님을 신뢰하며,

저의 남은 인생, 오직 주님만을 위하여 살게 하소서.


주님! 저를 도우소서.

주님! 저의 가는 길, 오직 주님께서 인도하소서.

끊임없이 저에게 섭리하시며,

저와 함께 하시는 주님!

제가 주님 앞에 비오니,

주님! 주님께서 제게 말씀하시고,

제가 가야 할 길을 알게 하소서.

주님! 제가 주님께 간구합니다.

주님! 제가 주님만을 사모하며,

오직 주님 한분만으로 기뻐하며 살게 되기를
주님! 주님 앞에 간구합니다.

주님! 저는 심히 부족하여
주님 앞에 엎드리어 주님의 도우심만을 구하오니,
주님! 저를 도우소서. 주님! 저를 살피소서.
제가 주님께 간구하오니,
주님! 저를 불쌍히 여기시어,
저의 인생길, 오직 주님께로 인도하소서.
주님! 제가 오직 주님만을 사랑하며,
주님만을 사모하며 살게 하소서. 아멘.


_ 많은 사람들이 어려움에 지칩니다. 이럴 때일수록 주님의 도우심의 손길
이 간절히 필요한 때입니다. 주님께서는 지금도 말씀하시며, 우리를 인도
하시고 계시죠. 그런데 우리는 매 순간마다 주님께서 우리를 도우시고 계
시다는 사실을 잘 알지 못합니다. 그럼에도 주님께서는 주님의 그 크신 사
랑을 우리들이 깨달아 알기를 원하시고 계시죠. 우리가 주님을 사랑하면,
주님께서 이 모든 것을 채우신다는 사실을 우리 모두가 알게 되었으면 좋
겠습니다.

_ 우리는 주님을 따르는 십자가의 길을 두려워합니다. 그러나 주님께서는
우리에게 끊임없이 말씀하시고 계시죠. 거기에 주님의 뜻이 있음을. 주님
께서 인도하신다고 약속하시고 계심에도 우리는 두려워합니다. 연약한 인
간이니까요. 그래서 우리는 주님의 도우심을 간구해야만 하는 것이죠.

# 어찌 주님의 뜻을 알 수 있겠습니까?

내가 무엇을 해야 하는지

어떻게 주님의 이름을 전해야 하는지

주님의 뜻을 제가 어찌 다 이해할 수 있겠습니까?

제가 어찌 그 모든 것을 다 알 수 있겠습니까?

제가 교회 안에서 어떻게 거해야 하는지

이 세상에서 어떻게 돈을 벌며,

어떻게 살다가야 되는 것인지

정말 주님의 뜻을 제가 다 알 수 없습니다.

주님! 저는 제가 무엇을 해야 하는지 전혀 알 수 없습니다.

주님! 다만 제가 깨달아 알 수 있는 것은

주님의 그 크신 은혜요.

주님의 그 크신 사랑이요.

제가 주님을 위하여 살아가야 하는

삶의 방법입니다.


주님께서 저를 사랑하시니,

제가 주님을 뵈옵고

제가 주님께 기도드림으로

제가 주님의 은혜를 체험합니다.

주님! 제가 주님께 간구하오니,

주님! 제게 응답하소서.

제 인생의 길을 주님께서 보살피시고

주님! 저의 가는 길

오직 주님의 뜻 가운데 있게 하소서.

주님! 제가 주님의 뜻을 어찌 다 알 수 있겠습니까?

주님! 주님의 뜻이 아니면,

주님! 제가 어찌 주님의 얼굴을 뵈오며

주님을 노래할 수 있겠습니까?


주님! 주님의 허락하심이 아니시면,

그 어느 것도 제게 이루어질 수 없음을 믿사오니

주님! 저를 주님의 길로 인도하소서.

주님의 보살피심의 손길! 제게 베푸소서.

주님께서 저와 함께 하시기를

제가 주님 앞에

두 손 모아 간절히 간구합니다.

# 천국의 비유

– 마태복음 13장

천국은 마치 씨 뿌리는 사람과 같으니
좋은 땅에 떨어지는 씨는
백 배, 육십 배, 삼십 배, 결실을 맺으니
주님의 말씀을 듣고, 주님의 말씀을 받아
주님을 믿으며, 살아야 하네.
주님은 나를 구원하시는 주님!
오직 나를 주님께로 인도하시므로
나를 죄악에서 건져내시는 분!
나에게 생명을 주실 분이시니
내가 주님을 사랑하네.
주님을 사모하며 사네.

천국은 마치 좋은 씨를 제 밭에 뿌린
그 한사람과 같으니
좋은 씨를 뿌렸지만, 원수들이 곡식가운데
가라지를 덧붙임과 같으니
주님께서 가라지를 뽑다가
곡식까지 뽑을까 염려하시어

추수 때까지 기다리시네.

주님께서 가라지를 거두어 불사르게 묶으시고,

곡식을 모아 주님의 곳간에 넣으시니

주님의 때가 임하여 심판의 날이 다가왔네.

주님! 우리를 친히 거두시어, 주님의 품에 두시어

저희를 주님의 품으로 인도하소서. 이끄소서.


천국은 한 남자가 자기 밭에 갖다 심은

겨자씨 한 알과 같으니

이는 모든 씨보다 작은 것이로되

다 자란 후에는 풀보다 커서

공중의 새들이 그 가지에 깃들이네.

천국은 겨자씨 같은 것.

우리 모두의 작은 믿음으로부터 소망을 얻고

주님께서 우리를 영원한 천국에 두심을 믿고 사네.

우리의 위대하신 주님이 계신 그곳

나도 거기 그곳에 있으려 하네.


천국은 마치 여자가 가루 서 말속에 갖다 넣어

전부 부풀게 한 누룩과 같으니

주님의 나라는 우리에게 어쩌면 보잘 것 없는

아주 작은 것 같아 보이지만

주님이 계신 하늘나라는 거룩하고도 크고도 위대한 곳

거룩하신 주님께서 계신 곳이니

내 작은 마음에서 일어나

내 마음의 모든 것을 다 앗아갈 만큼

거대한 하나님의 나라가 되었네.

이젠 그 나라 나의 전부가 되었네.


내 모든 것을 다 바쳐

꼭 그것을 사야만하는 거룩한 하나님의 나라.

내 인생의 전부를 투자해야 되네.

주님이 나와 함께 하심을

주님이 나에게 말씀하심을

주님이 날 인도하심을 아는 까닭에

천국은 내게 더욱 더 값지고 귀한 것.

내 모든 것을 다 바쳐

주님이 계신 하나남의 나라가 확장되는 것을

내가 반드시 보게 되리니.


천국은 밭에 감춰진 보물,

천국은 가장 좋은 진주.

천국은 마치 밭에 감춰진 보물인

가장 값진 진주와 같으니

사람이 이를 발견한 후엔

자신의 모든 소유를 다 팔아 그 밭을 사게 되지.

그 밭엔 보물이 있으니,

천국은 그 밭의 보물보다도 더 값지고 귀중한 보물.

내 모든 소유를 다 팔아 천국을 사려하네.

주님께서 계신 천국,

그곳은 사랑으로만 가게 되는 것이니

내 모든 것을 다 팔아 주님을 섬기리.

주님을 위해 살리.


천국은 마치 좋은 진주를 구하는 상인과 같으니

극히 값진 진주를 발견하였으니

가서 내 모든 소유를 다 팔아

그 값진 진주를 살 거야.

이 값진 진주보다 더 귀한 천국.

주님께서 계신 그곳. 그곳을 살 거야.

내 모든 것을 다 팔아

주님이 계신 천국을 살 거야.

주님이 가르쳐주신 사랑으로.

천국은 마치 바다에 치고,

각종 물고기를 모으는 그물과 같은 것.

그물이 가득하니 물가로 끌어내고 앉아서

좋은 고기는 그릇에 담고, 못된 것은 내버리고 마네.

세상 끝에도 이러하리.

주님이 보내신 천사들이 와서

의인 중에서 악인을 갈라내어

풀무불에 던져 넣으리니.

악인들은 거기서 울며 이를 갈리니.

주님은 천국의 주인 되시어

주님의 말씀을 따르는 의인들을 거두시네.


오! 주님! 위대하신 주님!

저희들을 주님의 말씀의 그물로 걸러

주님을 사모하며 사는 저희들을 구원하소서.

주님! 주님께서 계신 천국의 주인이 되시는 주님!

저희들을 주님의 말씀의 그물로 양육하소서.

주님의 길에서, 주님의 법으로 주님을 섬기며,

주님을 사모하며 살게 하소서.

주님이 계신 천국, 내가 있어야 할 천국

나는 내 모든 것을 팔아 천국에 가길 원합니다.

주님은 주님께서 뿌리신 알곡과
원수가 뿌린 가라지가 함께 자란다 해도
어느 때엔가 반드시 추수하시는 것처럼
주님께서는 제가 알곡이 되어
마지막 날까지 남아
주님을 따르기를 바라시고 계심을 믿습니다.

주님! 제가 주님을 따르렵니다.
내 모든 것을 바쳐 주님을 사랑하오니
주님! 제가 주님을 사모하게 하소서.
주님! 제가 주님만을 의지하며 살게 하소서.

주님께서는 좋은 밭에 씨를 뿌리셨습니다.
우리는 이제 그 열매를 맺어야 합니다.
주님! 저희들이 이제 주님의 말씀을 들어
주님께서 기뻐하시는 알곡이 되려 합니다.
이제는 주님의 말씀의 단비를 먹고 마시며,
주님을 사랑하며 사모하며 튼튼히 자라가려 합니다.

# 내 마음이 슬플 때

주님! 울고 싶은데
울 수 있는 힘이 없습니다.
가련한 여인처럼 주님 앞에 흐느끼고 싶은데
저의 죄악이 너무 커
제가 주님 앞에 흐느낄 수 있는 힘조차 없습니다.
주님! 저를 용서하시고, 저를 인도하옵소서.

저의 인생을 살피시며,
저를 인도하시는 주님!
저의 온몸은 병들었으며,
저의 시력과 청력도 나빠지고,
저의 육체는 점점 힘들어만 갑니다.

주님! 저를 인도하옵소서.
제 인생을 살피시는 주님!
제가 주님 앞에 간구하오니
제 인생의 길을 주님의 길로 열어 주시고
저의 삶의 슬픈 모습을, 주님! 기억하옵소서.

저의 삶이 힘을 얻게 도우시고,

저의 인생의 전부를 주님께서 인도하옵소서.

제 인생은 주님의 것이며,

제 삶의 전부는 주님께 있사오니

주님이시여! 주님의 길! 제게 가르치소서.


주님! 이 세상에서 실패와 좌절로

저의 마음이 한없이 슬프오니

주님! 제가 주님께 간구함을 보옵소서.

저의 인생의 길을 주님께 맡기오며,

주님을 의지하오니, 주님께서 저를 지도하시고,

주님의 의의 길로 저를 인도하소서.


주님! 제가 마음이 슬프고 고통스러워

주님께 나와 울부짖사오니

주님! 제가 주님께 간구함을 보옵소서.

주님! 제가 주님 앞에 부르짖는 소리를 들으소서.

주님! 제가 주님께 기도하오니,

이 부족한 저를 받으소서.

주님! 저의 마음이 슬프지 않도록

주님의 보혈로 저를 씻기소서.

# 주님의 사랑에 대한 고백

주님! 저를 정말 사랑하시죠?
주님께서 저를 사랑하시고 인도하시니
주님! 제가 주님을 사랑하고 또 사모합니다.
주님! 주님의 얼굴을 뵙지 못하는 시간이 길수록
저의 가슴은 아프고, 주님을 향한 열정과 시간
이 모든 것을 자꾸만 허비하게 됩니다.

주님! 제가 주님을 사랑합니다.
주님을 사모하는 마음이 제게 가득하여
제가 주님을 사모하며 더욱 사모합니다.
주님! 저의 길을 가르치소서.
주님! 제가 주님을 사랑함을 보시고,
저를 주님의 길로 인도하소서.

주님! 제가 주님을 깨닫지 못해
부끄럽게도 주님을 멀리하며 살았사오니
제 육체는 병들고 제 얼굴은 고통스러워도
제가 주님을 사모하며 또 사랑합니다.
주님! 저를 주님의 길로 인도하소서.

제 인생을 인도하시는 주님이시여.

제가 얼굴을 들어 주님을 우러러 뵈오니

제 영혼을 보시고 저를 아끼시며,

주님! 저를 살피시고 보호하소서.


주님! 제가 주님 때문에 기뻐하고,

주님 때문에 즐거워하며,

주님 때문에 제 인생의 길이 주님을 향해 걷습니다.

주님! 제가 주님을 사랑합니다.

주님! 제가 주님을 의지합니다.

주님! 제 인생이 더욱더 주님을 의지하오니,

주님! 제가 주님을 사랑하며, 사모하며 살게 하소서.

" 주님께서 지시고 골고다 언덕길 오르시던 죽음의 십자가
주님! 제가 주님의 그 십자가만 자랑하며 살려 합니다. "

– 〈나의 자랑, 주님의 십자가〉 중에서 –

# 제2장

# 십자가의 가치관

# 십자가

십자가 십자가 주님께서 지신 십자가

사랑의 주님이 십자가 위에서 고난을 당하셨네.

십자가 위에서 못 박히시어 운명하셨네.

주님이 십자가 위에 흘리신 피는

날 위한 주님의 생명.

주님께서 십자가 위에서 찢기신 몸은

나를 구원하시기 위하여 내어주신 주님의 몸.

주님이시여! 이 죄인을 용서하소서.

주님! 제가 주님을 사모하며 또 사모하오니

주님! 제가 위대하신 영광의 주님의 이름을 외쳐 부릅니다.

주님! 이 죄인이 주님께 나아가

저의 죄를 자복하고 회개하오니

영광의 주님이시여! 저의 애통하는 소리를 들으소서.

주님! 주님의 뜻이 아니면

지금 저는 살아갈 수가 없사오니

오! 주님! 저를 구원하소서.

주님의 크고 부드러우신 손길로

저를 인도하옵소서.

주님! 주님을 위하여 제 모든 것을

주님께 다 드리지 못하는

저를 불쌍히 여기시고,

주님이시여! 주님의 뜻 제게 나타내소서.

주님의 뜻을 제게 허락하소서.

주님! 주님의 십자가를 제가 지려하오니

이 더럽고 추악한 세상의 길 가운데서

주님! 이 불쌍한 저의 영혼을 받으시고

저를 건져내시어

제가 주님만을 따르게 하소서.

주님! 제가 주님만을 사랑하며 살려 하오니

주님! 주님의 길로 저를 인도하소서.

저를 주님의 품으로 이끄시고 보호하소서.

# 십자가의 가치관

십자가를 바라보면 저는
주님의 그 십자가 앞에 무릎 꿇고 엎드리어
일어날 수가 없습니다.
십자가를 바라보면 저는 주님의 고통이 생각나고,
십자가를 바라보면 저는 주님이 저를 위해 당하신 고난을
주님께서 십자가 위에서 피 흘리신
그 놀라우신 은총과 사랑을
저의 마음속 깊이 생각하게 됩니다.
주님이 지신 십자가는 날 위한 구속의 은총이었고,
주님이 지신 십자가는 날 위해 몸 버려 피 흘리신
주님께서 몸소 희생하신 구속의 십자가였기 때문입니다.

주님! 주님을 사모하는 마음을 제게 가르치소서.
주님께서 지신 십자가는 주님께서 저를 위하여
주님께서 친히 십자가 위에서 고난을 당하신 징표였으며,
주님께서 지신 십자가는 나의 죄를 대속하시기 위하여
주님께서 흘리신 물과 피와 땀방울의 자리였습니다.
주님께서 지신 십자가는 저의 생명을 구원하기 위해
주님께서 친히 피 흘리신 주님의 희생과 고난이었습니다.

주님! 제가 주님께서 지신 십자가를 사랑합니다.

주님! 주님께서 지신 십자가는 저주의 십자가였으며,

주님이 지신 집자가는 저도 지고 가야 할

주님께서 제게 허락하신 고난의 모습이었습니다.

주님! 죄 없으신 주님께서 달리시어 못 박히신 십자가는

흉악한 죄인만이 달리는 저주의 십자가의 형틀이었습니다.

주님께서 친히 물과 피를 흘리시며,

저를 대신하여 지신 십자가는

주님께서 친히 그분의 목숨을 내어주시며,

주님께서 친히 저를 위하여 지신 구원의 십자가였습니다.


주님! 제가 주님이 당하신

십자가의 고난과 희생을 찬미합니다.

주님! 주님께서 지신 십자가는

우리를 대신하여 주님께서 친히 짊어지고 가신

우리 자신이 짊어지고 가야 할

고난의 피와 저주와 죽음의 십자가였으니

주님! 제가 주님의 십자가로 구원을 얻습니다.


주님! 주님께서 이 세상에 오시어,

이 낮고 천한 세상에 오시어

흠 없으신 몸으로 친히 인간의 몸을 입으시고,
인간의 저주와 고통과 죄악, 질병의 짐을
모두 다 짊어지시며,
우리 대신 친히 십자가 위에서
친히 고난을 당하시며 운명하셨으니
주님! 주님의 그 크신 사랑에
제가 깊숙이 고개 숙여 머리를 조아립니다.

주님! 주님처럼 제가 겸손해지며 낮아지도록
주님! 십자가 보혈의 그 사랑을
제게 가르치소서.
주님! 주님께서 지신 그 고난의 십자가는
흉악한 죄인만이 달리는 저주의 십자가였음을
제가 깨달아 알기 때문입니다.
주님! 주님께서는 참 하나님이셨음에도
이 낮고 천한 자리에 오시어
이 천하디 천한 세상에 오시어
친히 인간의 몸을 입으시고,
죄 많은 우리 인간을 구원하셨으니
주님! 제가 주님만을 섬기며 따르렵니다.
주님처럼 십자가 지고 주님만을 사랑하며 살려 합니다.

주님! 주님께서 저희들을 구원하시기 위하여
저희들을 죄악과 죽음에서 구원해 내시기 위하여
친히 십자가에 못 박히시어 물과 피를 흘리시며
주님! 제가 주님께 감사와 찬송을 올립니다.
친히 십자가 위에서 고난을 받으시고 운명하시어
저희들을 위한 희생 제물이 되셨으니
저희들이 나음을 입고, 새 생명을 얻도록
주님께서 친히 저희들을 위하여 희생하셨으니
주님! 제가 주님을 사랑하며 사모합니다.

주님! 주님께서 친히 지신 십자가는
주님께서 우리를 구속하기 위한 구원의 자리,
저희들을 죄악과 죽음에서 건져 내시기 위하여
주님께서 친히 보혈을 흘리시며 운명하신
죽음의 십자가, 바로 그곳이었습니다.
주님께서 십자가 위에서 운명하심은
저희들을 위한 대속의 죽음이셨습니다.
주님께서는 십자가 위에서 운명하시어
사흘 간 무덤 속에서 머무르시다가
부활하시어 제자들에게 보이셨고,
제자들이 보는 가운데 하늘로 올리우셨습니다.

주님! 주님께서 구름을 타고 다시 오실 때까지
주님의 구속의 은총과 그 구원의 십자가를
즐거이 노래하렵니다.
주님의 보혈과 구속의 은총을 늘 찬미하렵니다.
주님! 속히 이 세상에 다시 오시어
저희들을 이 세상의 죄악에서 구원하소서.
거룩하신 주님께서 이 세상에 다시 오실 때
이 세상의 죄악에서 저희들을 구원하소서.
십자가 위에서 피 흘리신
주님의 구속의 은총과 사랑으로
저희들을 주님의 품으로 인도하소서.
주님! 주님의 거룩하신 사랑으로
저희들을 변화시키소서.

주님! 저희들이 주님의 그 사랑을 따라 살기에는
너무나 부족하고도 나약하며, 또 보잘 것이 없습니다.
우리는 낮고 천하며, 부끄럽고도 무지하여
부끄러운 죄악이 가득한 인간이기 때문입니다.
주님! 주님의 십자가의 보혈로
저희들의 죄악을 씻기소서.
이 죄악 된 몸을 주님의 보혈로 덮으소서.

주님! 주님처럼 낮아지고 겸손해지므로
주님의 이웃을 주님처럼 섬기며 살게 하옵소서.
주님! 주님께서 지신 십자가는
주님처럼 제가 지고 가야 할 십자가,
제가 걸어가야 할 주님의 길이기 때문입니다.
주님! 주님께서는 사람들로부터 비방을 받으시고,
주님께서 참 하나님이 되심을 알지 못하는
무지한 이들로부터 오해를 받으시고,
십자가에 달리시어 운명하셨으니
주님! 제가 주님의 십자가 앞에 부끄러이 엎드립니다.

주님! 주님처럼 주님의 십자가가 지고,
저도 주님의 길 따르려합니다.
주님! 이 죄인을 용서하소서.
주님! 저의 온유하지 못하고 자만하였던
저의 부끄러운 모습을
주님처럼 겸손히 주님을 따르지 못하였던 저의 죄악을
주님 앞에 엎드리어 회개합니다.

주님! 저의 죄악을 용서하소서.
이 죄악 많은 저를 불쌍히 여기소서.

주님! 이 죄인이 주님 앞에 엎드렸사오니
주님! 주님이시여!
이 죄인을 주님께서 불쌍히 여기시고
주님의 이름으로 저의 죄악을 사하소서.
이 죄인이 주님 앞에 엎드려
저의 죄악을 자복하고 회개하오니
주님! 저를 주님께서 원하시는 도구로 쓰시어
주님! 제가 주님의 영광 나타내게 하소서.

주님! 제가 주님처럼 주님의 십자가 지고
주님을 따르며 주님을 의지하며 살려 하오니
주님! 저를 불쌍히 여기시어
저를 주님의 품에서 버리지 마소서.
주님! 저도 주님처럼 골고다 언덕길 올라
저도 주님처럼 제게 주어진 십자가 지고,
주님을 따르려 하오니
주님! 주님을 따르는 길, 주님께로부터 듣고 배워
주님을 섬기며, 주님을 위하여 살게 하소서.
주님! 주님의 나라에서 영원히
주님과 함께 거하게 하소서.

# 나의 자랑, 주님의 십자가

주님! 이 죄인이, 이 부끄러운 죄인이
주님 앞에 엎드리어 회개하며, 주님께 간구합니다.
주님! 이 죄인이 주님 앞에 나아와
저의 죄악을, 저의 오만함을
저의 부족함을 자복하고 회개하며
주님 전에 나아와 주님만을 바라보며 간구합니다.
주님! 저를 받으소서. 저를 불쌍히 여기소서.

주님! 제가 오직 자랑할 것은
주님께서 날 위해 돌아가신 십자가
주님께서 날 위해 흘리신 보혈의 피
주님께서 운명하신 고통과 저주의 십자가뿐이오니,
주님! 제가 주님의 십자가를 자랑합니다.
주님! 저를 받으소서.
주님! 저를 불쌍히 여기소서.

주님께서 저의 죄를 대속하시기 위하여
십자가에 달리시어 보혈의 피 흘리셨으니
주님! 제가 주님의 십자가 앞에 엎드립니다.

주님! 저의 죄악을, 저의 부족함을 용서하소서.

주님께서 고난을 받으심은

저를 죄악에서 구속하기 위함이셨고,

주님께서 십자가 위에서 운명하심은

저를 죽음에서 구해내시기 위함이었습니다.

제가 죄악으로부터 구원을 받았사오니

주님! 제가 주님을 찬송하며 또 찬송합니다.


주님! 주님께서 저를 위해 보혈의 피를 흘리심으로

제가 죄악에서 놓임을 받게 되었사오니

주님! 주님께서 희생하시어 저를 구속하신

주님의 십자가를 제가 자랑하고 또 사랑합니다.

주님의 십자가는 저를 구속하시기 위하여

주님께서 친히 달려 돌아가신 눈물과 희생의 십자가였으니

주님! 제가 주님의 그 크신 사랑을 찬미합니다.


주님의 십자가는 나의 자랑

주님! 제가 주님의 십자가만을 자랑합니다.

주님의 십자가는 날 위한 십자가요

주님의 십자가는 제가 짊어지고 가야 할 십자가입니다.

주님! 이제는 주님의 십자가만 바라보며 살려 하오니

주님께서 주신 온유와 겸손의 십자가를 지고
주님의 십자가만 따르며 살려 하오니
주님! 제가 주님의 길 본받으며 살게 하소서.
주님! 주님의 말씀을 듣고, 믿으며 사랑하는 것
이 모든 것이 오직 주님의 은혜이오니
주님! 제가 주님의 뜻을 따라, 주님의 십자가 지고
제가 오직 주님만 따르며 살게 하소서.

주님! 제가 주님께 간구합니다.
주님! 저도 주님의 십자가 지게 하소서.
주님께서 제게 주신 십자가
저도 지고 주님을 따르게 하소서.
주님! 제가 주님을 사랑하오니
주님! 주님께서 저를 받으소서.
주님의 십자가의 그 사랑 제가 깨달아
주님의 피 흘리신 그 사랑 전하며 살게 하소서.

주님께서 희생하신 십자가, 눈물과 고난의 십자가
주님께서 지시고, 골고다 언덕길 오르시던, 죽음의 십자가
주님! 제가 주님의 그 십자가만 자랑하며 살려 합니다.

# 주님의 십자가 앞에

주님의 십자가 앞에 제가 엎드려
주님께 저의 죄악의 짐을 모두 내려놓습니다.
제 인생이 죄악이 가득해,
주님을 뵈옵지 못하며, 지금까지 살았사오나
주님! 주님의 은혜를 입어
주님의 그 크신 사랑의 얼굴을 제가 뵈옵니다.

주님! 저의 죄악의 길 벗어나게 하소서.
주님을 사랑하여, 주님의 은총 앞에
제가 기쁨의 찬송을 부르며 즐거워함은
오직 주님께서 주님의 보혈로
저의 죄악을 말끔히 씻기셨기 때문입니다.

주님! 주님의 십자가를 제가 사랑하오니
주님! 저를 인도하옵소서.
제 인생의 여정이 고난과 슬픔으로 가득하더라도
주님! 제가 주님으로 인하여 기뻐하게 하소서.
주님께서 저의 죄악을 사유하심으로
제가 죄에서 자유함을 얻어 주님을 노래하게 하소서.

주님! 제가 주님을 의지하오니
주님이시여! 영광의 주님이시여!
주님의 십자가의 길로 저를 인도하소서.
주님만을 사모하며 사는
그 기쁨이 영영히 제게 있게 하옵소서.
주님! 주님의 이름으로
제 인생이 주님 안에서 즐겁게 하옵소서.

주님! 제가 진 모든 죄악의 짐을
주님의 십자가 앞에 내려놓사오니,
주님! 저를 받으시옵소서. 저를 버리지 마옵소서.
주님! 제 인생이 주님을 사모하여,
주님을 섬기기를 원하오니,
주님! 주님의 십자가의 그 사랑을
제가 늘 기억하게 하옵소서.

주님! 제가 매일매일 주님을 사모하는 길로
제 인생의 여정을 보낼 수 있도록
저를 주님의 십자가의 길로 인도하소서.
주님! 주님께서 거하시는 주님의 성산에
제가 거할 수 있도록, 주님! 제게 허락하옵소서.

# 주님이 가신 십자가의 길

주님이 가신 길, 십자가의 길.

고난과 슬픔의 길. 고통과 인내의 길.

주님은 십자가에 달리셨네.

추악한 나의 죄 때문에.


눈물 없이 못가는 길

죽음의 십자가의 길

주님! 주님을 따라 저도 걷게 하옵소서.

제가 주님 앞에 엎드려 주님을 사모하오니

저의 부끄러운 죄악의 모습,

주님께서 흘리신 십자가의 보혈로 덮으시고

저를 저를 주님의 길로 이끄소서.


희생과 죄악과 슬픔!

주님의 도우심이 아니고는

결코 제가 일어설 수 없음을 아오니

주님! 주님의 보혈로 저를 씻기소서.

저의 죄악을 주님의 보혈로 씻기시어

저를 고치소서.

주님! 주님께서 지신 십자가가 아니고는
제가 주님 앞에 결코 나아갈 수가 없사오니
주님이시여! 십자가 위에서 몸 버리시어
저를 위해 보혈의 피 흘리신 주님이시여!
저를 주님의 길로 인도하소서.
저도 주님을 닮아 주님처럼 살게 하소서.

주님! 제가 주님께로부터
용서와 이해와 사랑을 배우게 하시옵고
제 인생의 모든 여정이
오직 주님을 향한 길이 되게 하옵소서.

주님! 주님이 아니시면,
저는 결코 죄악으로부터 일어설 수 없사오니
주님이시여! 주님을 향한 열정과 사랑의 삶으로
저의 인생이 주님께로 걸어가게 하옵소서.

주님! 주님께서 저를 위해
친히 그 형극의 십자가의 길 걸으셨사오니
주님! 제가 죄와 죽음으로부터 자유함을 얻습니다.
주님! 주님께서 온유와 겸손으로 말없이

골고다 언덕길 걸으시어,

저를 위해 친히 일어나시어

고난과 죽음의 고난의 십자가 지셨으니,

주님! 제가 주님으로 인하여 구원을 얻으며,

기뻐하며 즐거워합니다.

주님은 저의 하나님이시기 때문입니다.


주님이시여! 제가 주님을 사랑하여

늘 주님의 그 사랑만 생각하오니,

제 인생의 전부를 아시는 주님!

제가 주님의 십자가만 바라보며 살게 하소서.


제가 주님의 길 따르려면

주님의 십자가가 제게 있어야 함을

제가 깨닫사오니

십자가 위에서 피 흘리시며,

고난당하신 주님이시여!

주님! 주님께서 걸어가신 십자가의 길!

그 길을 제게도 가르치소서.

그리하여 제가 온전한 주님의 십자가의 길,

저도 따를 수 있도록, 주님! 제게 허락하옵소서.

# 십자가의 은혜

주님께서 가신 십자가의 길은
고통과 슬픔의 길이오이니
주님께서 지신 십자가는
슬픔과 눈물의 십자가이오니
주님의 고통과 아픔과 슬픔,
주님의 그 고귀한 고난과 희생을
제가 이제야 깨닫습니다.

머리에는 가시관과 손과 발에는
대못이 박히었고
옆구리는 창으로 찔리시어
물과 피를 쏟으셨습니다.
온몸은 채찍에 맞아 살점이 찢기심으로
주님께서는 그렇게 십자가에 못 박히셨습니다.
그리고 주님께서는 십자가 위에서 운명하셨죠.

주님! 주님의 십자가가 아니면,
저희들은 죄악에서 결코 일어날 수 없고,
주님의 십자가의 보혈의 피로

구속하심의 은혜가 아니면,

저는 저의 죄악에서 결코 벗어날 수가 없습니다.

주님! 제가 주님을 사랑합니다.

주님! 제가 주님을 사모합니다.


주님의 십자가의 그 사랑!

십자가 위에서 흘리신 대속의 피!

주님께서 어린 양이 되시어

친히 저희들을 위하여 피를 흘리시며,

대속의 죽음을 죽으셨기에

주님! 저희들이 죄와 죽음으로부터 벗어나게 됩니다.

주님! 주님께서 십자가 위에서 흘리신 보혈의 피로

저희들이 구속함과 속죄함을 입습니다.


주님! 저와 함께 하옵소서.

주님! 저를 인도하옵소서.

주님! 저의 인생의 여정을 주님께 맡기오니

주님! 주님께서 달리시어 희생하셨던

주님의 십자가의 은혜를 제게 베푸소서.

주님! 주님께서 걸어가신 십자가의 길,

제가 따를 수 있도록 허락하소서.

주님! 제가 주님을 사랑하오니

주님! 제가 주님을 의지하며 살게 하소서.

주님! 저와 함께하소서.

주님! 저를 인도하옵소서.

제가 주님을 사모하며, 또 사모하오니

주님! 주님의 십자가의 은혜로

제가 주님을 사랑하며, 주님을 섬기게 하소서.

제가 사는 일평생 동안, 주님만을 사랑하며 살도록

주님을 섬기며 살도록

제게 주님의 그 사랑을 허락하옵소서.

# 십자가의 상징

주님의 십자가는 희생과 사랑
주님의 십자가는
주님께서 친히 못 박히시어
우리를 위하여 흘리신 보혈의 피가 묻어 있는 곳.
주님의 십자가는
주님께서 우리를 위하여 희생하신
죽음의 상징.

주님께서 십자가 위에서
대속의 희생 제물이 되시지 않으셨다면
저희들은 결코 구원을 받을 수 없었고
주님께 나갈 수조차 없었습니다.

주님! 저를 버리지 마소서.
주님께서 십자가 위에서 흘리신 보혈의 피,
대속의 죽으심,
오로지 주님께서 저희들을 위하심이니
주님! 저를 용서하소서.
저의 무지함과 우매함을.

주님! 주님의 희생과 사랑! 제가 늘 찬미합니다.

주님께서 고난의 십자가를 지시지 아니하셨다면,

저의 고통은 끝나지 않았을 것이며,

주님께서 친히 저를 위해

그 죽음의 십자가를 지지 아니하셨다면,

저는 주님이 누구신지조차 알지 못하고,

어둠 속에서 이 세상을 살게 되었을 것입니다.


주님! 주님께서 십자가에서 희생하셨기 때문에

이 세상으로부터 제가 놓임을 받고 구원을 얻습니다.

주님! 저를 도우소서. 저를 주님의 품으로 이끄소서.

주님! 주님만이 저의 구속주 하나님이 되시니

주님이시여! 제가 주님을 따를 수 있도록

저를 주님의 길로 인도하소서.

제 인생의 길을 주님께 의탁하게 하소서.


주님이시여! 제가 주님께 비옵나이다.

주님이시여! 제가 주님의 길을 따라

제 부족한 인생을 주님께 의탁하게 하옵소서.

주님! 하찮은 이 세상의 것들 때문에

제가 마음이 흔들리고 넘어지오니,

주님! 주님께서 저를 불쌍히 여기소서.
주님! 제가 주님만을 사랑하며,
주님만을 사모하며 살게 하소서.

주님! 저를 인도하소서.
주님! 저와 함께하소서.
주님! 저의 인생은 하나님의 것이오니,
주님! 저를 버리지 마소서.
주님! 제가 가는 저의 인생길
주님께서 친히 보시고 살피소서.

지금까지 지은 저의 죄악이
저를 주님께로부터 멀리하게 하오니
주님! 제가 주님을 배반하지 않도록
저를 고치소서. 저를 붙드소서.
주님! 저를 주님의 품에 있게 하소서.
더럽고 추한 이 세상의 것들로부터
저를 건지시고 저를 싸매소서.
저를 주님의 품에 두소서.
저를 주님의 전으로 데려가소서.

주님! 주님의 십자가 지고 주님을 따라
주님이 가신 골고다 언덕길을 따라
제가 오르지 못했음을 용서하소서.
십자가 위에서 희생하신
오직 주님만이 저의 하나님이시오니,
주님! 이제는 제가 온전히
저의 장래를 주님께 맡기옵니다.

주님! 저를 인도하소서.
주님! 저를 주님의 품에 두시어,
주님! 제가 더 이상 범죄치 않도록
온전히 주님께서 저를 이끄소서.
주님! 제가 주님만을 사랑하며, 주님만을 사모하여
제 일생이 오직, 주님만을 섬기며 살려 하오니
주님! 저의 인생길, 주님께서 함께 하옵소서.
주님! 주님의 그 크신 구속의 은혜를
주님의 그 크신 사랑을
제가 늘 찬미하며 살려 합니다.

# 십자가의 길

우리의 삶의 진정한 가치는 십자가의 길.
우리의 인생의 진정한 가치는 주님을 사모하는 길.
주님을 사랑하며 사모하여, 제가 주님께로 달려가오니
주님! 저를 주님의 사랑의 품으로 인도하옵소서.
제 인생이 오직 주님을 사랑하며 사모하오니
주님! 주님의 십자가의 길로 저를 이끄소서.

주님! 주님께서 걸으셨던 골고다 언덕길,
십자가 위에서 몸 버려 피 흘리시며
우리를 구원하신 주님의 희생과 사랑!
우리를 위한 구원의 길을 걸어가신 주님을
제가 기억하오니, 주님이시여! 저를 받으소서.
주님께서 저를 위해 십자가 위에서 희생하셨으니
무덤에서 일어나 부활하시어, 우리에게 소망을 보이신
위대하신 주님을 제가 찬미하고 또 찬송합니다.

주님은 거룩하신 주님! 주님은 영광의 하나님!
제가 위대하신 영광의 주님을 사모하며 사오니
주님! 저를 받으소서. 저를 인도하소서.

제 인생의 길! 오직 주님께 있사오니

주님! 제가 주님을 찬미하게 하시고

제 인생이 오직, 주님의 길로 달려가게 하소서.


주님! 주님을 사랑하며 사모합니다.

주님! 제 인생이 오직 주님께 있사오니

주님! 저를 받으소서. 저를 주님의 길로 인도하소서.

주님! 주님은 위대하신 하나님이시오니

저를 구원하시는 우리의 주님이시오니

주님! 제가 소리 높여 주님의 영광을 노래합니다.


주님! 위대하신 주님께서 저를 인도하소서.

주님! 제가 주님의 이름을 높이 외쳐 부릅니다.

주님! 주님의 영광! 이 땅 가득하게 하소서.

주님! 제가 주님의 영광을 노래하오니

온 땅 가득히 주님의 영광이 가득히 넘쳐나게 하소서.

주님! 저를 주님의 길 가운데로 인도하소서.

주님! 제가 주님의 영광만을 찬미하며 살게 하소서.

# 주님이 걸으셨던 십자가의 길

주님! 주님께서는 지금 어디 계시나요?

주님께서는 십자가를 지고 골고다 언덕길 오르셨죠?

고통 없이는 못 가는 길, 눈물 없이는 못가는 길!

주님께서는 그 골고다 언덕길을 오르시었죠.

주님의 십자가는 슬픔의 길, 고난의 길

주님! 주님의 십자가 따라 골고다 언덕길 오릅니다.


주님! 주님께서 얼마나 지극히 인간을 사랑하셨으면.

주님께서 사람의 몸을 입으시어

주님의 몸을 친히,

우리 인간을 위하여 제물로 드리시어

우리를 위하여 물과 피를 쏟으시며,

십자가 위에서 고통당하시며 운명하셨죠.


주님! 주님의 십자가의 길 따릅니다.

주님이 걸어가신 골고다 언덕길,

그 길을 따라 주님께로 달려갑니다.

주님! 주님의 십자가의 길로

부족한 이 몸을 온전히 주님께 드리며 나아갑니다.

우리 인간의 무지와 죄악으로
주님을 십자가에 못 박을 수밖에 없었던
저희들의 죄악이 저희들을 괴롭히오니
주님! 주님의 그 거룩하신 이름을 저희들이 들어
주님의 위대하시고도 거룩하신 이름을
소리 높이 찬미합니다.

주님! 저희들의 죄악을 용서하소서.
주님이 걸으셨던 십자가의 길
거기에 저희들의 죄악의 몸을 누이게 하소서.
주님이시여! 주님의 십자가의 길 따르오니
주님! 제가 주님을 의지하게 하소서.
주님! 저도 주님의 십자가 지고
주님이 걸어가신 골고다 언덕길을 오르게 하소서.

주님! 인간이 얼마나 죄악이 가득한지를
주님! 인간이 얼마나 잔혹한지를
주님! 주님께서 아시지 않습니까?
그럼에도 주님! 주님께서 저희들을 사랑하시어
십자가 위에서 대속의 죽으심을 당하셨으니
주님! 주님께서 저희들을 위하여

대속의 속죄 피를 흘리셨으니

주님! 이 부끄러운 죄인이 주님 앞에 나아와

저의 지은 죄악을 회개합니다.

주님! 제가 주님을 의지하오니,

주님! 저의 죄악을 용서하소서. 저를 치유하소서.

주님! 저를 불쌍히 여기시어, 저를 보호하소서.


주님! 주님의 십자가 앞에 나아와

주님의 십자가의 길을 바라보오니

주님! 제가 주님을 따르며, 주님을 의지하게 하소서.

주님! 주님의 십자가의 길, 제가 따르오니

주님! 제가 주님만을 사랑하며, 살 수 있도록

주님! 주님께서 저를 도우시고 인도하소서.

# 용서

주님께서 허락하신 용서,
주님이 사랑하는 사람들, 그들을 찾아 사랑함은
내 부끄럽고, 더럽고, 추한, 내 모습을
용서받음.

수많은 사람들이 잃어버린 용서
나도 회복하여야 하네.
십자가에서 피 흘리신 주님의 사랑,
주님의 대속의 은혜
내게도 주님의 그 사랑 넘치네.

주님의 그 사랑으로
내가 미워하던 사람들, 나를 괴롭히던 사람들
나도 주님의 이름으로 용서하여야 하네.

주님! 저에게 용서의 마음, 허락하소서.
주님을 사랑하는 마음으로
주님께서 날 사랑하시는 맘으로
주님의 은혜로 용서하며, 사랑하게 하소서.

# 주님! 십자가에 몸 버려 피 흘리심으로

주님! 십자가에 몸 버려 피 흘리심으로
그 거룩하시고 그 위대하신
주님의 얼굴을 제가 뵈옵니다.

주님! 제가 주님께 간구하오니,
주님! 저와 함께 하옵소서.
주님! 제가 주님을 사모하오니,
주님! 저를 인도하소서.

주님! 주님께서 십자가 위에서
몸 버려 피 흘리심으로
제가 주님을 사랑하며, 의지하게 됩니다.

주님! 주님의 거룩하신 이름을 제게 보이소서.
주님은 세상의 빛이시니
주님께서 십자가 위에서
몸 버려 피 흘리심으로
주님! 저희들이 주님께 구원을 얻습니다.

주님! 저희들이 주님을 찬송합니다.

주님께서 저희들을 위하여 십자가 위에서

주님께서 저희들을 구원하셨기 때문입니다.


이 세상에서 고난을 당하시고, 고통당하신 주님!

주님은 위대하신 하나님이셨음에도

낮고 비천한 인간의 자리에 오셔서

인간의 몸을 입으시고

십자가에 못 박히시어 운명하셨습니다.


주님께서 고난을 받으심은

우리를 죄악에서 건져 내기 위하심이요.

주님께서 십자가 위에서 죽임을 당하심은

우리를 저주의 죽음에서 구원하기 위한

주님의 희생과 우리를 대속하신 죽음이셨습니다.


주님! 주님의 그 이름을 사모합니다.

위대하신 주님의 이름을 찬미합니다.

주님! 저희들을 구원하소서. 인도하소서.

주님! 저희들이 주님을 사랑하오니

주님이시여! 주님만이 우리의 주님이 되옵소서.

주님! 우리 인생의 여정을 주님께 맡깁니다.

주님! 우리의 인생길, 주님께서 친히 함께 하시어

저희들을 주님의 길로 인도하옵소서.

주님! 저희들이 주님만을 사모하오니,

주님! 주님께서 저희들을 친히 받으시옵소서.

주님! 저희들이 주님만을 사모합니다.

＿ 그리스도인의 삶은 이 세상의 사람들과는 다릅니다. 주님을 만나고 난 뒤에는 온전히 주님을 위하여 사는 인생으로 변화되기 때문입니다.

＿ 우리 그리스도인의 삶의 목적은 온전히 주님의 영광을 위한 것이요, 우리 그리스도인들의 삶의 목적은 주님을 위하여 사는 그 기쁨 가운데 있습니다. 세상의 삶이 싫어지고, 주님을 찬미하며 살아가는 그 삶만이 우리에게 기쁨이 될 따름입니다.

# 절망 중에 드리는 기도

주님! 저의 마음은 부끄러운 죄악으로 가득하여
주님의 얼굴을 뵈옵기가 두렵고 또 떨립니다.
주님! 주님의 사유하심이 아니시면 저는
주님 앞에 저의 얼굴을 비출 수가 없사오며,
주님 앞에 나아갈 수가 없습니다.
주님! 제가 너무나 많은 저의 죄악으로 인해
주님! 제가 더 이상 주님 앞에 설 수가 없기 때문입니다.
주님! 저의 죄악이 너무 커서 제 영혼이 울며,
주님을 뵈옵기를 두려워하여 떨며 서있습니다.

주님! 저는 죄인입니다. 이 나약한 저를 용서하소서.
주님이시여! 이 죄악 많고 불쌍한 저를 용서하소서.
주님! 이 죄악 많은 저를 불쌍히 여기시어,
자리에서 일어나, 주님의 영광을 찬미토록 허락하옵소서.
주님! 제 더럽고 추한 모습이 얼굴을 들어
주님의 얼굴을 뵈옵고 또 뵈오니
십자가를 지신 주님! 저를 용서하소서.
주님의 십자가의 흘리신 피로 저를 씻기소서.
주님! 주님의 자애와 사랑, 제가 깨달아 알게 하소서.

주님! 주님께서 주님의 흘리신 물과 피로

주님께서 저의 죄를 씻기시오니

제가 주님의 은혜와 사랑과 구원을 얻습니다.

주님! 저를 주님께 두소서.

주님! 저의 길을 주님께 두게 하소서.

이 죄악 많은 인생, 주님 앞에 엎드리어 울며 부르짖사오니

주님! 저의 이 부끄러운 모습을 주님 앞에 내어놓사오니

주님! 주님께서 저를 일으켜 세우소서.

주님! 이제는 제가 절망하거나 좌절하지 않게 하소서.

주님! 오직 주님만이 저의 하나님이 되시니

주님! 주님의 전에서 제가 주님의 영광을 찬미합니다.

주님! 주님의 자애로운 얼굴, 제가 항상 뵈옵게 하소서.


주님! 저의 더러운 죄를 회개하오니

주님! 저를 주님의 품에 두소서.

주님! 제 영혼이 주님께 부르짖어 간구합니다.

불꽃같은 두 눈으로 살피시고, 또 보살피시는 주님!

저의 영혼은 병들었으며,

저의 몸은 나약해질 대로 나약해졌사오니

주님! 이제는 이 절망과 좌절에서, 제가 일어나게 하소서.

주님! 제가 일어나 주님의 영광을 찬미하게 하소서

주님! 이제는 제가 슬픔과 절망과 고통과 좌절에서
주님의 도우심으로 일어나
온전히 주님만을 섬기며, 주님만을 사모하며 살게 하소서.
주님! 오직 주님만이 저의 하나님이시오니,
주님! 십자가의 고난을 당하신 주님 앞에
제 인생의 모든 짐을 내려놓습니다.
주님! 제 인생이 오직 주님만 바라보게 하소서.
주님! 저는 비천하고도, 나약하고도 보잘 것 없는
제가 주님 앞에, 주님의 영광을 드높이 부르짖습니다.

주님! 주님께서 제 모든 것 받으시어
온 땅에 위대하시고도 거룩하신 주님의 모습 비추소서.
온 세계에 주님의 영광! 가득하게 임하시어
저희들이 주님의 거룩하신 이름을 들어
거룩하신 주 하나님의 영광만을 찬미하게 하소서.
주님의 위대하시고도 그 거룩하신 모습을
저희들이 늘 노래 부르며, 늘 찬송하게 하소서.
주님! 저희들이 주님의 도우심의 손길을 믿사오니
주님! 주님의 빛! 저희들에게 비추시고 나타내시어
이 땅에 주님의 영광이 가득히 넘쳐나게 하소서.
주님! 주님의 십자가를 제가 바라보옵나이다.

# 주님! 십자가의 길은

주님! 주님께서 걸어가신 십자가의 길은
주님께서 홀로 걸어가신 외로움과 고독의 길이었습니다.
주님! 주님께서 걸어가신 십자가의 길은
고난과 고통, 죽음의 길이었습니다.
이 연약한 인간을 위하여 주님의 목숨까지도 버리시며 희생하신
죽음의 십자가의 길이었습니다.

참된 친구 되신 우리의 주님이시여!
주님께서 우리를 위하여 몸 버리시고 피 흘리셨으니
주님! 주님께서 저희들의 죄악을 담당하기 위해
십자가의 고난과 고통의 길을 가셨으니
주님! 저희들이 주님의 은혜를 찬미합니다.

눈물 없이는 갈 수 없고,
피 흘리지 않고는 갈 수 없는
주님의 목숨조차 희생의 제물로 드리신
그 길을 주님께서 걸어가셨으니
주님! 주님의 그 크신 사랑을 찬미합니다.

주님! 제게 떨림과 고통이 있습니다.

주님! 제가 주님의 온유의 멍에와 겸손의 짐을 지고

제가 주님을 따르지 못하였기 때문입니다.

주님의 말씀보다는 이 세상의 은과 금이 좋아지고,

주님의 말씀 보다는 이 세상의 사라지고 마는

이 땅의 소유와 허황된 것들에 제 마음이 빼앗겨

주님! 주님보다는 이 세상을 제가 더 사랑했기 때문입니다.


주님! 주님께서 걸어가신 십자가의 길은

오직 고통과 슬픔과 고난의 길이었습니다.

사람들은 이해할 수 없는

우리를 대속하기 위한 죽음과 형극의 길이었습니다.

주님! 이 세상 사람들은

주님이 누구인지조차 알지 못했고,

주님이 누구인지 깨닫지 못하여

저주의 십자가 위에 주님을 못 박았습니다.


주님의 흘리신 피는 우리 모두를 대속하기 위함이요

주님의 살과 몸을 찢기심은

우리 인간의 죽음과 죄악을

주님께서 친히 받으시기 위함이셨습니다.

십자가에 못 박히시어,

십자가 위에서 운명하신 주님이시여!

주님께서 부활하심으로 저희들이 나음을 입고

저희들도 주님이 계신 천국에서

주님과 함께 영원히 거할 수 있게 되었습니다.

주님! 제가 주님의 그 은혜를 찬송합니다.

주님! 제가 주님의 그 크신 사랑을 찬미합니다.


주님! 제가 끊임없이 주님의 이름을 구하오니

십자가 위에서 고난당하신 주님이시여! 저를 받으소서.

주님! 주님께서 친히 십자가 위에서 고난을 당하심으로

주님께서 저를 죄악에서 구원하셨으니

주님! 주님의 십자가 앞에 엎드리어

이 부족한 저를 주님 앞에 내어놓습니다.

이 부족한 저를 주님의 십자가 앞에 내어놓사오니

주님! 제가 주님의 영광을 늘 노래합니다.


주님! 제가 주님의 영광을 늘 노래하며 살게 하소서.

영원한 생명을 제가 물려받을 수 있게 된 것은

오직 주님께서 십자가 위에서 돌아가신

주님께서 베푸신 대속의 그 크신 은혜 때문이오니

주님! 제가 주님의 그 구원하심을 찬미합니다.
주님의 위대하시고도 그 거룩하신 영광을
늘 찬미하며, 늘 노래합니다.

주님! 주님께서 걸어가신 십자가의 길은
저를 죄악에서 건져내신
주님의 고난과 대속의 죽으심의 길이었으니
주님! 주님의 은총과 영광을 영원히 찬미하렵니다.
주님! 저를 받으소서.
주님! 제가 주님께 드리는 찬미 받으소서.
주님! 주님의 영광! 제게 임하시어
제가 주님을 늘 기뻐하며 사랑하며 살게 하소서.
오직 주님 한분만을 기뻐하며 즐거워하는
그런 주님의 사람이 제가 되게 하소서.
주님! 제가 주님을 늘 사모하며, 늘 사랑합니다.

# 십자가의 길

십자가의 길은 고난의 길, 고독의 길

저도 주님의 십자가 짊어지고, 주님을 따르옵니다.

십자가의 길은 가시밭길, 외로움과 슬픔의 길

주님의 십자가의 길은 고통의 길, 고난의 길

오직 주님의 십자가 지고,

주님을 향해 나아갑니다.

제 가진 모든 것, 주님께 드리며,

제 인생의 모든 것, 온전히 주님께 드립니다.


주님! 저를 받으소서.

주님께서 이 죄인을 온전히 받으소서.

주님의 십자가의 보혈로 저의 죄악을 씻기시고,

저를 주님 전에 나아가게 하소서.

주님! 제가 주님의 전에 엎드려,

울며 울며 회개하며, 주님을 향해 나아가오니

주님! 저의 죄악을 씻기소서.

이 부족한 저를 용서하소서.

먹빛보다도 더 검고 검은 저의 마음을

주님! 주님의 보혈로 깨끗하게 씻기소서.

주님! 저도 주님의 십자가 지고
주님의 십자가의 길 따르려합니다.
주님! 주님께서 저를 인도하소서.
주님께서 지셨던 온유와 겸손의 짐과 멍에를 메고,
주님! 주님을 향해 나아갑니다.
주님! 저를 받으소서. 주님! 저를 인도하소서.
제 인생의 길은 오직 주님께 있사오니
주님! 저의 인생을 오직 주님께 두게 하소서.

주님! 저의 죄악으로 인하여 슬픈 저의 영혼을
주님! 주님의 보혈의 피로 깨끗하게 씻기소서.
저의 가는 길, 오직 주님께 두게 하소서.
주님! 제가 주님께 간구하옵고 또 간구하오니
주님! 제가 주님의 길 걷게 하소서.
주님! 저의 인생은 오직 주님의 것이오니
주님! 저도 주님의 십자가 지고
주님의 십자가의 길 따르며 살게 하소서.
주님! 주님만이 저의 하나님이시오니.
주님께서 저를 받으시고, 저와 함께하소서.

# 십자가 앞에 나아가

내 죄 사하여 주신 주님께
감사와 찬송 드립니다.
내 모든 죄 사하신 주님께
감사와 영광 드립니다.

십자가 앞에 나아가
내 죄를 자복하오며,
주님께서 십자가 위에서 희생하심을
주님! 주님께 감사 기도드립니다.

주님! 저희들이 주님의 영광을 찬양합니다.
주님은 만왕의 왕이시며,
만주의 주님이시니
제가 주님의 영광을 늘 찬송합니다.
주님! 주님만이 홀로 높임 받으소서.

우리를 구원하신 주 예수님이시여.
저희들이 주님께 감사와 영광과 찬송을 올립니다.
주님! 저희들이 주님의 십자가 앞에 나아가

주님의 그 높고 위대하심을 찬송합니다.

주님! 저의 찬양을 받으소서.

주님! 주님께서 영광과 존귀, 감사와 찬송을 받으소서.

저희들이 주님을 기뻐하며,

주님께 영광과 존귀 돌립니다.


주님! 저희들을 받으시고, 인도하소서.

주님께서 십자가 위에서 고난당하시어 운명하심을

주님께서 십자가 위에서 희생하신

그 고귀하신 사랑을 저희들이 소리 높여 찬송하오니

주님! 홀로 영광 받으소서.

온 땅에서 주님의 이름만이 높아지소서.


주님! 저희들이 주님의 이름을 불러

주님을 알지 못하는 이 세상이 주님을 알게 되도록

주님의 이름을 드높이 외쳐 부릅니다.

주님! 영광 받으소서.

주님! 주님의 영광을 소리 높여 찬미합니다.

주님! 저희들이 주님을 따르며,

주님의 그 거룩하신 이름을 늘 찬송합니다.

# 슬픔의 십자가

주님! 우리의 삶은 항상 주님 안에 있습니다.
그럼에도 우리는 주님 안에서 평안을 얻지 못하고
세상의 길에 서서 방황하곤 합니다.
주님! 주님이 지신 십자가는
저를 위한 주님의 고난과 희생이었고,
주님은 아무런 흠과 티가 없이 희생 제물이 되시어
십자가 위에서 저희들을 위하여 말없이 희생하셨습니다.

주님의 십자가는 날 오라 하심이며,
주님의 십자가는 저의 죄를 회개하고
주님을 따르라 함이셨습니다.
주님! 주님께서는 십자가 위에서 몸 버려 피 흘리시어
제 인생의 모든 것을 담당하셨으니
주님께서 친히 주님의 몸을 저희들을 위하여 내어주셨죠.

주님! 주님께서 십자가에 못 박히심은
저를 죄에서 구속하시기 위하심이며,
주님께서 십자가에서 희생하심은
저를 죽음에서 구원하시기 위함이셨습니다.

주님! 제가 주님의 거룩하신 이름을 사모하여
주님의 이름을 온 세상에 드높이 외쳐 부릅니다.
주님! 제가 주님의 위대하신 이름을 노래하오니,
주님! 주님만이 홀로 영광 받으소서.

주님! 주님의 십자가를 바라볼 때마다
제 마음은 슬퍼집니다.
주님! 주님의 십자가를 바라보며, 제 마음이 슬퍼함은
주님의 십자가의 사랑을 제가 잃어버림이요
주님께서 제게 허락하신 저의 십자가를 지고
제가 주님을 따르지 못하고 있기 때문입니다.

주님! 저를 불쌍히 여기소서. 주님! 저를 위로하소서.
주님! 이 부족하고도 죄 많은 저를 용서하시고, 받으소서.
주님! 제가 주님의 십자가를 슬픔으로 바라보오니
주님! 저를 주님의 십자가의 길로 인도하소서.
주님의 십자가의 길로 저를 이끄시어
주님! 이제는 저도 주님의 십자가를 지고
주님의 길, 제가 즐거이 따르도록 허락하소서. 아멘.

# 주님을 향한 나의 삶

주님을 향한 나의 삶은 오직 주님께 있사오니

주님! 주님께서 저를 지키소서. 보호하소서.

주님께서 저를 지키시고 인도하소서.

주님! 제 부끄러운 몸이, 주님 앞에 엎드려

주님 앞에 나아와 저의 갈 길을 묻습니다.

이 부족한 죄인이 설 자리

이 부족한 죄인이 서 있어야 할 자리.

그곳이 어디인지요?

제가 깨닫지 못해 주님께 저의 갈 길을 묻습니다.

주님! 주님의 십자가 앞에 제가 엎드려 회개하며

주님의 도우심을 구하며, 또 간구하옵니다.

위대하신 주님이시여! 제가 주님 앞에 간구하오니

주님! 주님께서 제 인생의 길을 받으시고

제가 영원히 주님을 사랑하며,

주님만을 섬기며 살도록 제게 허락하옵소서.

주님! 제가 주님을 사랑하오니

주님! 제가 주님의 길 따르며,

주님을 사모하며 살게 하옵소서.

# 내가 지금 사는 것은

내가 지금 사는 것은 주님의 크신 사랑 때문이요.
내가 지금 사는 것은 주님의 크신 은혜 때문이요.
내가 지금 사는 것은 주님께서 날 위해 희생하신
주님의 십자가의 보혈의 능력과 은총 때문입니다.

주님! 주님의 그 사랑을 제가 찬송하오며,
주님의 십자가의 그 사랑을 제가 주님 앞에 고백합니다.
주님! 제가 지금 주님 전에 서는 것은
주님의 십자가의 희생과 주님의 보호하심 때문이요
주님께서 십자가에서 흘리신 보혈의 능력 때문입니다.
주님! 제가 지금 사는 것은 주님에 대한 소망 때문입니다.

주님! 주님께서 희생 제물이 되시어
십자가 위에서 운명하시기까지 저를 사랑하셨으니,
주님! 제가 죽기까지 주님을 사랑합니다.
주님! 제가 주님의 그 크신 사랑을 찬미합니다.
주님! 저를 받으소서. 제가 주님의 사랑을 전하렵니다.
주님! 제가 주님의 보혈을 찬송하는 노래를 불러
주님의 그 크신 사랑을 온 세상에 전하며 또 전하렵니다.

# 주님이 홀로 가신 그 길

주님이 홀로 가신 그길, 십자가의 길
그 길은 눈물과 고난, 죽음과 희생의 길이었습니다.
그럼에도 저는 주님을 따라 걷질 못하였고,
주님을 배반하며, 이 세상에 제 이름을 내어놓았습니다.

주님! 이 죄 많은 저를 받으소서. 불쌍히 여기소서.
주님! 저를 주님의 길로 이끄소서.
십자가 위에서 몸 버려 피 흘리신 주님!
제가 주님을 찬송함을 기억하시어
제가 주님을 늘 사랑하며 살게 하소서.

주님! 제가 주님을 사랑합니다.
주님! 제가 주님을 사모합니다.
주님! 저의 일생이 주님께 있사오니
주님! 제 인생의 길을 주님께 맡깁니다.

주님! 주님께서 홀로 가신 그길, 십자가의 길
주님께서 몸소 피 흘리시며, 고난을 받으시며,
친히 오르셨던 골고다 언덕길,

저도 그 길을 따라가옵니다.
주님! 주님의 십자가를 붙잡고
주님이 걸어가신 골고다 언덕길
저도 그 길을 따라 걸어가옵니다.

주님! 저와 함께 하옵소서.
제 인생이 주님의 길 따르오니
주님! 저도 주님의 십자가 지고
주님을 사랑하며, 사모하며 살게 하옵소서.

오! 사랑의 예수님!
저와 함께 하옵소서.
저를 인도하옵소서.

# 주님의 십자가를 생각합니다

주님이시여! 주님께서 몸 버려 피 흘리신

주님의 십자가를 생각합니다.

주님께서 십자가 위에서 몸 버려 피 흘리시며,

저희들을 죄에서 구속하심으로써

저희들이 구원을 얻습니다.

저희들이 주님의 거룩하신 영광을 노래 부르며,

주님의 거룩하신 이름을 온 땅에 전하렵니다.

주님! 제게 주님의 영광 보이소서.

영광의 주님이시여! 제 영이 주님의 이름을 찬미하오며,

주님의 거룩하신 이름을 찬송하오니

주님이시여! 온 땅에 주님의 영광 가득하소서.

주님! 온 땅에서 주님의 이름만이 높아지소서.


주님! 저를 주님의 품으로 인도하소서.

제가 주님을 찬미할 수 있도록 저를 인도하소서.

오! 자비로우시고 영광스러우신 주님!

온 땅에 주님의 영광이 임합니다.

이 더럽고 추한 몸이 주님 앞에 엎드려

지금까지 지은 저의 부끄러운 죄악을 회개하오니

주님이시여! 주님의 십자가의 보배로운 피로

저의 죄악을 말끔히 씻기소서.

주님! 주님의 크고도 위대하시며 거룩하신 이름을

온 땅에 제가 외쳐 부르게 하소서.

주님이시여! 주님의 영광! 제게 나타내소서.

저희들이 위대하신 주님의 이름을 불러

우리 모두 주님의 영광을 찬송할 수 있도록

주님! 주님의 영광! 온 땅에 나타내소서.

주님! 주님만이, 오직 만주의 주님이 되시니

주님! 우리 모두 주님을 찬양할 수 있도록

주님! 저를 주님의 품으로 인도하소서.

66 주님! 저도 주님의 십자가 지고, 주님을 섬기게 하소서.
제 가는 인생길, 오직 주님께 있게 하소서. 99

- 〈십자가, 십자가〉 중에서 -

제3장
예수님의 십자가

# 예수님의 십자가

주님께서 십자가에 달리셨네.

추악한 나의 죄 때문에.

주님께서 십자가에 못 박히시어 죽임을 당하셨네.

아무런 흠도 티가 없으셨던 주님!

주님의 죽으심은 날 구속하기 위함.

주님의 십자가에 달리심으로

내가 죄에서 놓임을 받게 되었네.

구속함을 입게 되었네.


주님! 저를 용서하소서.

추악한 나의 죄 때문에

주님께서 십자가에 달리심으로

제가 구속함을 입게 되었으니

주님! 주님의 십자가의 그 사랑!

제가 항상 잊지 않고 기억합니다.

주님! 제가 주님의 뜻을 저버리고

세상길에 빠져, 세상의 쾌락을 즐기며 살았사오니

주님! 저를 용서하소서.

주님! 저를 불쌍히 여기소서.

주님! 제가 주님을 섬기며 살도록 허락하소서.

주님! 주님은 나의 능력, 나의 구원이시니

주님! 제가 주님을 사랑합니다.

주님! 제가 주님을 의지합니다.

주님! 저의 일생을 주님께 드립니다.

저의 인생이 주님을 의지하오니

위대하신 주님이시여!

제가 주님의 십자가만 바라보며,

주님께서 가신 그길 따라

주님만을 따르며 걷게 하소서.


주님! 제 인생이 주님을 섬깁니다.

주님께서 걸어가신 십자가의 길로

주님! 제가 걸어가오니,

주님이시여! 십자가 위에서 몸 버려 피 흘리신

주님의 그 사랑으로

주님이시여! 저를 돌보시며 이끄소서.

제 인생이 주님의 길 사모하여

주님께서 걸어가신 십자가의 그 길을

저도 사모하며 따르옵니다.

# 주님의 십자가

주님의 십자가 앞에 나아와
주님께 엎드리어 기도합니다.
저의 죄 많은 모습이 엎드려
믿음 없이 나약한 모습이 엎드려
주님을 뵈오며, 주님께 경배드립니다.


주님! 주님께서 저를 위하여
십자가 위에서 몸 버리시어 피 흘리셨으니
주님! 제가 주님 앞에 엎드려 기도드립니다.
주님! 제가 슬픔과 회개의 눈물 흘리며
주님 전에 나아와
주님께 고백합니다.


주님! 이 죄인을 불쌍히 여기소서.
주님! 저의 죄 사하소서.
이젠 저의 죄악의 길 벗어나 주님을 뵈옵고
주님을 사모하는 마음으로 인생을 살려 하오니
주님이시여! 이 불쌍한 영혼을 받으시고
이 죄인을 주님의 길로 인도하소서.

주님! 제가 주님을 사모하며 사랑하오니

주님이시여! 저를 주님의 길로 인도하소서.

제 인생이 주님을 사랑하는 마음으로 살게 하소서.

주님이시여! 주님 없이는 제가 살 수 없사오니

오직 주님! 주님의 소망의 손길, 제게 베푸시고

저를 영원한 주님의 길로 인도하소서.


주님! 주님만이 저의 하나님이시며,

저를 사랑하시는 주님이심을 제가 믿사오니

주님! 제 영혼이 영원히

주님을 사모하며 의지하게 하소서.

제 영혼이 주님만을 사랑하며 살게 하소서.

# 십자가 십자가

십자가, 십자가

주님께서 달리시어 피 흘리시며 돌아가신 십자가

주님께서 날 위해 십자가에 못 박히시어 운명하셨네.

주님! 저를 인도하소서.

주님! 주님께서 저와 함께 하시어

제 가는 길, 주님께서 인도하소서.

주님! 주님께서 십자가 위에서 저를 위해 피 흘리셨으니

주님께서 저를 위해 희생하셨으니

주님! 주님의 위대하신 사랑을 제가 찬미합니다.

주님! 저도 주님의 십자가 지고, 주님을 섬기게 하소서.

제 가는 인생길, 오직 주님께 있사오니

주님! 주님만이 저의 하나님이시며,

저의 가는 인생의 주님이 되심을 믿습니다.

주님! 제가 주님께 간구하오니

주님! 저와 함께하소서. 저를 주님의 길로 인도하소서.

제 인생이 영원히 주님을 섬기기를 원하오니

주님! 제가 주님만을 사랑하며 사모하게 하소서.

주님! 저를 주님의 사랑을 늘 찬미하며 살게 하소서.

# 주님께서 걸으셨던 십자가의 길은

주님께서 걸어가셨던 십자가의 길은
고통과 슬픔, 저주의 십자가, 죽음의 길이었습니다.
아무도 그 고통을 감내하지 않는
오직 주님께서 걸어가신 죽음의 십자가의 길이었습니다.
주님께서 십자가에 죽으심은
저희들의 죄를 대속하시기 위함이셨고,
주님께서 십자가에 피 흘리심은
속죄의 어린 양, 희생 제물이 되시기 위함이었습니다.
주님! 주님을 사랑함은 주님의 십자가의 죽으심,
죄 없으신 하나님의 외 아드님이 희생 제물이 되시어
저희들을 위해 어린 양으로써, 죽임을 당하셨기 때문입니다.
주님! 주님께서 걸으시던 골고다 언덕길, 십자가의 길은
주님을 사랑하는 저희들이 반드시 따라야 할 길입니다.
주님! 저희들이 주님을 사모하오며, 주님을 의지합니다.
주님! 저희들을 인도하옵소서. 저희들과 함께 하옵소서.
주님! 저희들이 주님의 십자가의 길을 노래하오니
주님! 저희들의 기도소리 들으소서.
주님의 위대하신 사랑을 찬미하는 노래 소리 들으소서.

# 주님의 십자가의 길은

주님! 주님께서 걸어가신 십자가의 길은
나를 위해 걸으셨던 희생의 길, 고난의 길.
주님이 걸어가신 십자가의 길은
나를 구원하시기 위하여 피 흘리신 죽음의 길.
나를 위하여 그 모든 것을 희생하신 십자가의 고난의 길.

주님! 저를 용서하소서.
제가 잃어버린 주님의 길을 다시 생각하여
주님을 사모하며,
주님을 의지하오니
주님! 주님만이 저의 하나님이 되옵소서.

주님! 주님께서 걸으셨던 십자가의 길은
우리와 같은 죄인들을 죄악에서 건져내신
주님께서 희생하신 고난과 죽음의 길이었습니다.
주님께서 십자가에 몸 버려 피 흘리심으로
저희들이 구원을 얻고,
저희들이 죄에서 놓임을 받습니다.
주님! 주님을 사모합니다.

주님! 제 인생을 주님께 맡기오니,

주님이시여! 주님께서 저를 받으소서.

저희들을 죄악에서 구원하신 주님!

거룩하신 주 하나님의 성령님을 제게 부으시어

거룩하신 성령님의 도우심으로

주님께서 저희들에게 베푸신 그 크신 사랑과 희생을

제가 깨달아 알게 하옵소서.

주님! 제가 주님을 사랑하며, 주님을 따르게 하옵소서.


주님! 주님께서 걸으신 십자가의 길!

주님의 희생과 사랑으로

저와 같은 죄 많은 인간이 죄악의 두려움에서 벗어나

주님 안에서 평안을 얻게 됩니다.

주님! 제가 주님을 사랑하여

주님께서 걸어가신 십자가의 길을 사모하며,

주님을 따르기를 원하오니

주님! 제 가는 길, 주님께서 인도하옵소서.


주님! 가난하고 병들고 헐벗고 고통받는

주님께서 사랑하는 사람들, 주님! 제가 사랑하게 하옵소서.

주님의 사랑은 십자가의 길임을 제가 알기 때문입니다.

# 십자가의 사랑

주님의 사랑은 십자가의 사랑
십자가 위에서 피 흘리시며
자신의 목숨을 내어주신 주님은 사랑.
우리 인간의 죄를 구속하시기 위하여
주님께서 십자가 위에서 죽임을 당하셨네.

주님의 십자가는 고난
피가 가득한 죽음의 십자가의 고통과 슬픔
우리를 구원하시기 위하시어
주님께서 친히 십자가 위에서 고난당하셨네.

주님의 십자가는 사랑!
주님께서 대속의 죽으심의 희생과 고난, 사랑의 표징.
죄 많은 나를 위해
우리 죄 많은 인간을 위해
주님께서 십자가 위에서 친히 대속의 죽임을 당하셨네.

오! 주님! 저를 용서하소서.
주님! 제가 주님을 사랑합니다.

주님! 이 죄 많은 날 위해 주님께서 친히 십자가 지셨으니
주님! 제가 주님을 위해 살기를 다짐합니다.
주님! 저를 인도하소서. 저를 주님의 길로 이끄소서.
주님! 주님만이 저의 구원이 되시오니
주님! 저를 영원하신 주님의 품으로 인도하소서.


주님! 제가 주님을 사랑하며 사모합니다.
십자가위에서 피 흘리시며 죽기까지
저희들을 사랑하셨으니
주님! 제가 주님의 길을 따르옵니다.
주님! 저를 이끄소서.


주님이 지신 십자가, 온유와 겸손의 십자가
주님께서 날 위해 희생하신 고난의 십자가
십자가 거기에서 날 위해 대속의 피 흘리신
주님의 그 사랑을 제가 찬미합니다.


주님! 제가 주님을 사랑하오니
주님! 저를 주님의 길로 인도하소서.

# 주님이 지신 십자가

주님! 주님께서 지신 십자가는
골고다 언덕길을 피 흘리시며 걸어가신
고난과 죽음, 저희들을 위한 희생의 길이셨죠.
주님! 제가 주님의 얼굴을 뵈오며,
주님께서 피 흘리시며 고난당하신
주님의 모습을 제가 잊지 않고 기억합니다.
주님! 주님께서 지신 십자가는 저주와 고통의 십자가,
고난의 십자가셨죠.

주님! 저희들의 슬픔을 주님 앞에 내어놓습니다.
주님! 저희들을 인도하옵소서.
주님을 향해 저를 주님께 드리오니
주님! 저와 함께하소서.

주님! 제가 주님을 향해 기도합니다.
주님께서 지신 십자가를 저도 지게 하옵소서.
주님의 십자가! 이제는 저도 지고
주님을 따르기를 원하오니
주님! 주님께서 지신 그 고난의 십자가를

제가 질 수 있는 능력을 제게도 허락하옵소서.

주님의 십자가의 사랑을 제가 항상 기억하오니

주님의 대속의 은혜, 주님의 우리를 향한 사랑을

제가 잊지 않고 항상 기억하게 하옵소서.


저는 부족하옵고, 저는 또 나약하기 그지없사오나

주님! 주님의 십자가를 지고, 주님을 향해 달려갑니다.

주님! 저를 인도하옵소서.

주님! 저도 주님의 십자가 지고,

제가 주님을 따르기를 원하오니

주님! 주님께서 저를 주님의 품으로 인도하소서.

주님의 십자가의 길로 인도하소서.

# 주님의 십자가를 찬미합니다

오! 영광의 주님!
주님은 빛 가운데 거하시며,
높고 높은 보좌 위에 계시어
저희들의 머리털 하나까지도
다 세시고 계심을 보옵니다.
주님! 저희들이 주님을 원망했던 것,
용서하여 주옵소서.

주님은 위대하신 하나님이심에도
이 낮고 낮은 인간의 자리에 오시어
인간의 몸을 입으시고
친히 십자가에 달리셨습니다.
고통의 십자가, 저주의 십자가,
흉악한 죄인만 달리는 십자가 위에서
저희들을 위하여 목숨을 내어놓으시고
십자가 위에서 운명하셨습니다.

주님! 저희들이 주님을 사랑하옵고
또 사랑하옵나이다.

주님! 저희들이 주님을 올바로 섬기지 못하였음을
주님! 용서하여 주옵소서.
주님을 사랑하는 마음
저희들의 가슴속에 새기오니
주님이시여! 보잘 것 없는 저희들이
주님을 원망하지 않게 하옵소서.
이 조그맣고 작은
세상의 보잘 것 없는 일들에도
주님! 저희들이 쉬이 주님을 원망했사오니
주님! 저희들을 용서하소서.


십자가 위에서 몸 버리시고 피 흘리시어
저희들을 죄악과 죽음에서 구원하여내신
주님의 십자가의 그 사랑을 찬미하오니
주님이시여! 주님이시여!
주님의 십자가의 보혈로 제 모든 죄 씻으시고,
주님의 십자가의 길로
주님! 주님께서 걸어가신 십자가의 길로
제가 걸어갈 수 있도록
주님! 저를 도우시고 인도하소서.

# 주님의 십자가를 바라봅니다

주님! 제가 주님의 십자가를 바라봅니다.
우리가 의지하는 주님!
주님께서는 친히 인간의 죄를 구속하시기 위하여
십자가 위에서 어린 양 희생 제물이 되셨죠.

주님은 보좌 위에 계신
하나님의 외 아드님! 독생자 예수 그리스도!
인간의 죄악과 죽음을 대속하기 위하여
어린 양 속죄 제물이 되시어
십자가 위에서 대속의 죽음을 죽으시고
사흘 동안 무덤 속에 계시다가 부활 승천하시어
지금 하나님의 보좌 우편에 앉아 계시죠.

주님! 저희들이 주님을 사랑합니다.
주님께서는 저희들을 위하여
친히 십자가 위에서
저희들의 죄를 대속하기 위한
희생 제물이 되셨으니
저희들이 작은 입술을 벌려

주님의 위대하심을 찬송하며,
저 높고 높은 보좌 위에 계신
어린 양! 주 예수 그리스도!
주 하나님의 영광을 찬미합니다.


주님! 저희들을 받으소서.
불평과 불만으로 가득했던 저를
주님의 보혈의 피로 채우시고
세상의 쾌락과 욕망과 재물에 대한 욕심으로
제 모든 것이 가득했던 저를 불쌍히 여기소서.
이 어둡고 추한 세상에서 저를 건져내시어
오직 주님의 보혈과 사랑으로
저를 구원하소서.


주님! 주님을 사모합니다.
주님을 사랑하는 마음, 제게 허락하소서.
주님! 제가 주님을 사랑하게 하소서.
주님! 제가 주님께 간구하오니
주님! 저를 도우소서.
영광의 주님이시여! 제게 주님의 길을 보이소서.
주님의 십자가의 길! 제가 걸어가게 하소서

오! 자비로우시고, 영광이 가득하신 주님!

제가 주님의 거룩하심과 위대하심을 찬양합니다.

주님 홀로 영광 받으소서.

주님이시여! 제게 주님의 길 베푸시고

그 영광스런 보좌 위에서 저를 보옵소서. 저를 살피소서.


주님! 주님의 십자가를 제가 바라봅니다.

주님의 십자가는 저주의 십자가!

주님의 십자가는 고난의 십자가! 고통의 십자가!

주님의 십자가는 흉악한 죄인만이 달리는 십자가였습니다.


주님! 주님께서는 죄 한 점 없이

고통의 십자가에 달리셨음을

주님! 그 누가 이해할 수 있겠습니까?

하나님의 어린 양이 십자가에 달리셨는데,

우리 주님의 그 위대하신 뜻을

우리 주님의 그 크시고도 거룩하신 사랑을

이 죄악 된 세상에서

주님께서 십자가에 희생하신 그 사랑을

우리가 어찌 다 깨달을 수 있겠습니까?

주님의 사랑과 뜻이 아니라면.

주님! 제가 주님의 십자가를 보옵니다.

주님! 주님을 사랑합니다.

주님처럼 저도 저의 작은 십자가를 지고

주님을 따르옵니다.


주님! 제가 이 세상의 길 버리고,

주님을 사랑하는 마음으로

주님의 어린 양떼들! 주님의 길로 이끄려 하오니.

주님이시여! 저를 보옵소서.

저를 버리지 마옵소서.

주님! 제가 주님 한분만을 사랑하며, 사모하오니

주님! 주님만 따르며 사는 즐거움을

제게 허락하옵소서. 아멘.

# 고난의 십자가

주님! 이 세상의 고통의 질병과 죄악의 짐을
주님의 십자가 앞에 내려놓습니다.
이 고통스런 마음을
주님의 십자가 위에 내려놓으며 나아갑니다.

주님! 투자의 실패로 제 가슴은 쓰리고 아픈데
울래야 울 수조차 없고,
주님! 저의 가슴은 분노로 가득차고
시기와 질투와 저주가 제 가슴을 짓누르오니
저의 심장은 고통으로 터질 것만 같습니다.

주님! 울래야 울 수조차 없고
울고 싶지만,
울음과 눈물조차 떨어지지 않을 때,
주님! 제가 주님을 제대로 올바로 믿지 못하였음을
주님! 용서하여 주옵소서.
주님께서는 죄 없이 십자가에 달리시어
가장 고통스런 십자가의 죽음을 당하시며,
거룩하신 아버지 하나님께 탄원하셨죠.

엘리 엘리 라마 사박다니. (마27:46)
(하나님 하나님 어찌하여 나를 버리셨나이까?)


주님의 십자가는 저주의 십자가!
주님의 십자가는 흉악한 죄인만이 달리는
죽음의 십자가였죠.
주님께서는 말없이 십자가를 지시었죠.
골고다 언덕길 오르시며,
한 걸음 한 걸음 온몸을 채찍에 몸과 살을 찢기시어
골고다 언덕길을 십자가 지시고 오르셨죠.


주님! 제가 주님을 사랑합니다.
주님! 제가 주님께 나아가
제 모든 죄악의 짐을 내려놓습니다.
주님! 주님께서는 제게
온유의 멍에를 메고,
겸손의 짐을 지라고 하셨는데,
지나 보면 저에게는 흉악한 죄의 모습뿐입니다.


주님! 주님께서 지신 고난의 십자가,
저주의 십자가를

주님! 제가 주님 앞에 엎드리어 바라보오니
주님과 십자가에 함께 달리었던 강도처럼
주님이 계신 자리,
그곳에 저도 있게 하옵소서.

주님! 제가 주님께 기도합니다.
주님이시여! 저의 죄악을 용서하소서.
저의 죄악의 짐을 주님께 내려놓사오니
이 죄 많은 인간을 사랑하시어
주님께서 저를 받으시니
주님! 제가 주님만을 기뻐하며 사모합니다.
이 세상의 모든 죄악의 삶을 분토와 같이 버립니다.

주님! 저의 죄악을 용서하여 주옵소서.
주님! 제가 믿음 없음을 불쌍히 여기시고
주님께 원망이나 하고 있었음을
주님! 용서하소서.
저의 부족함으로 인해
제가 올바른 길로 가지 못했음을
주님! 회개하오니, 주님! 저를 불쌍히 여기소서.
주님! 저를 용서하소서.

주님! 제가 주님을 사랑하옵나이다.

주님! 제가 주님을 의지하오니

저의 영혼, 주님의 길 가운데 두시어

주님! 저를 주님의 길로 인도하옵소서.

주님! 저의 영혼을 주님께서 보살피시어

이 어두운 죄악의 길에서 저를 건져내소서.

주님! 저를 주님의 품에 두옵소서.


주님! 제가 주님 앞에 엎드려

저의 부끄러운 모습을 회개하오니,

주님의 십자가 앞에 엎드려

저의 죄악을, 저의 교만을 회개하오니,

어둡고 냄새나며, 추하고 더러운 영으로부터

제가 미혹되지 않게 도우소서.


주님! 저를 저를 주님의 길로, 주님의 품으로 인도하소서.

거룩하신 성령님의 도우심으로

제가 인도함을 받게 하옵소서.

주님의 십자가 앞에 온전히 제 몸을 내어 놓사오니

주님! 저를 불쌍히 여기소서. 저를 버리지 마옵소서,

주님! 저와 함께 하옵소서. 아멘.

# 십자가의 보혈로

주님! 돌아보면 죄악뿐이예요.

주님! 돌아보니 부끄러운 믿음뿐이예요.

주님! 저를 용서하소서.

저의 죄악을 주님의 보혈로 씻으시고,

저를 불쌍히 여기시어

저를 주님의 품으로 인도하소서.

제 인생의 길을 아시는 주님!

저는 부끄럽기 그지없고

저는 두려움으로 주님의 얼굴을 뵙지 못합니다.

주님! 이 죄인을 용서하소서.

이 죄인이 주님 앞에 나아와

주님의 그 크신 뜻을 잊어버렸음을 회개하오니

성령님이시여! 저를 주님의 이름으로 감동시키소서.

제가 주님을 사랑하도록 저를 회복시키소서.

제가 주님의 뜻을 깨닫지 못해

부끄러운 일들로 주님을 찾아가며 간구하오니

주님이시여! 이 더러운 저를 씻으소서.

피 흘리신 주님의 대속하신 사랑으로 저를 씻기소서.

애통하며, 고통하는 저의 죄악을

주님의 보배로운 피로 씻기소서.

주님! 주님의 보혈로 저를 덮으소서.

주님! 제가 아직 부족하여

세상을 버리지 못했음을 용서하소서.

주님! 주님께서 제게 주신 복음을 기뻐 찬송합니다.

주님이시여! 저를 주님의 품으로 인도하소서.

제 인생의 길을 주님께 의탁하오니

주님의 이름으로 오시는 성령님이시여! 저와 함께하소서.

주님께서 기뻐하시는 십자가의 길로

주님의 성령님께서 인도하시고 보호하시는

성령님의 삶의 길로 저를 영원히 인도하소서.

주님! 제가 주님을 사랑하오니

주님! 제가 주님 없이 살 수 없음을 깨닫사오니

주님이시여! 저의 애통하는 목소리를 들으시고

저를 주님의 은혜의 품으로 인도하소서.

주님의 사랑의 품으로 저를 인도하소서.

주님! 제가 주님께 빕니다.

주님! 저를 주님의 품안에 있게 하소서.

# 십자가 앞에 저의 고통을

주님! 내 영이 피가 마르고
제 마음이 고통스러워하오니
제가 주님께로부터 징계를 받음을
제가 알기 때문입니다.

주님께서 제게 미혹의 영을 허락하심으로
제가 세상의 일에 미혹되어
세상에 빠져 마음이 번민하고
저의 자산이 급박히
저의 손길을 빠져나감을 봅니다.

주님! 제 영이 주님을 사모하여,
주님께 애통하며 간구하오니
주님! 저의 죄악을 용서하소서.
저의 믿음 없음을 용서하소서.

주님! 이제는 제가 걷던 죄악의 길에서 벗어나
주님을 향한 경건한 삶으로
제 인생의 짧은 여정을 출발하려 하오니

주님! 저와 함께하소서.

주님! 저를 인도하소서.


주님! 저를 불쌍히 여기소서.

제 삶이 지극히 크신 하나님의 얼굴을 뵈어

주님을 사모하는 마음으로

주님을 찬미하며 기뻐하오리니

주님! 저의 길을 인도하소서.

주님이 계신 보좌 앞에서

제 마음이 주님의 길을 찾아

주님 안에서 평안함을 누리도록

제게 허락하소서.


주님! 주님께서 제게 허락하여주신

회개와 통회의 기회를

제가 몇 번씩이나 놓쳤사오니,

저의 의사 결정 가운데

주님께서 친히 좌정하시고 함께 하시어

제가 걷는 이 길이

주님의 길, 의의 길이 되게 하소서.

주님! 저는 부족하여 입술만으로
주님의 이름을 부르고,
가식이 섞인 마음으로 부끄러움 없이
주님을 사랑한다, 찬양한다 하오니
주님! 주님께서 저를 불쌍히 여기시어
주님의 보혈과 영으로써, 주님! 제가 회개하게 하옵소서.

주님! 주님 앞에 저의 마음이
주님의 영으로 즐거워하여
제가 주님을 사랑함을 고백하오니
주님! 주님께서 저를 불쌍히 여기시고 아끼시어
주님! 제가 주님을 늘 사랑하며, 늘 섬기게 하옵소서.
주님! 제가 주님께 금식하며 엎드립니다.

이 부끄러운 몸이 주님 전에 엎드리어
회개의 눈물 흘립니다.
저의 부끄러운 죄악을 눈물로써 회개하오니
주님! 저를 받으소서. 주님! 저를 용서하소서.
주님! 저를 주님의 길로 인도하소서.
주님의 영으로써, 오직 제가 주님만을 섬기며,
주님만을 찬미케 하옵소서.

# 겸손과 온유의 십자가

주님의 십자가는 온유와 겸손
주님께서 몸소 보여주신 그리스도인의 삶의 모습.
아버지의 명령을 받아들이신
온유하시고도 겸손하신 주님!
주님! 저희들의 십자가를 지신
주님의 그 크신 은총을 찬미합니다.
주님의 십자가의 피로 구속하신
주님의 그 크신 은혜와 사랑을 감사합니다.

주님! 제가 주님을 위하여 살기로 작정하였사오나
주님! 저는 부끄럽게도 또 주님 앞에 나아와
회개할 일들밖에 없습니다.
주님께서 지셨던 십자가,
온유와 겸손으로 주님께서 저를 위해 지셨던 십자가
주님! 제가 대신 짊어지지 못하고,
저는 불평하며 방황하며 살아갑니다.

주님! 이 불쌍한 죄인을 용서하소서.
이 죄악 많은 저를 용서하소서.

주님! 저는 저의 죄악의 짐을 짊어지고,

이 부끄러운 모습으로 주님을 따릅니다.

주님! 저를 불쌍히 여기소서. 주님! 저를 용서하소서.

주님! 저의 죄악을 주님의 보혈로 치유하소서.


주님! 저의 죄악의 짐을

주님의 십자가 앞에 내려놓습니다.

주님! 주님께서 지셨던 십자가!

눈물과 고통과 죽음의 십자가 지시고

저의 죄악의 짐을 친히 담당하신 주님 앞에

주님! 이 모든 죄악을 내려놓사오니

주님! 저를 불쌍히 여기시고,

주님의 보혈로 저를 씻기소서.


주님! 불쌍한 이 죄인이 주님을 의지합니다.

주님의 보혈의 피를 의지하여

주님께로 나아가오니

주님! 주님의 길로 저를 인도하소서.

주님! 주님께서 저의 죄악의 짐을 친히 담당하시어

저를 주님의 보혈로 구속하셨사오니

주님! 제가 주님을 늘 섬기며, 늘 사랑하며 살렵니다.

주님! 제가 주님을 사모하며. 주님을 의지하며

제가 주님께 나아가기를 원하오니

주님이시여! 저를 받으소서.

주님! 저를 주님의 품으로 인도하소서.

제가 주님을 사랑하며 살도록 제게 허락하소서.

주님의 온유와 겸손의 십자가 지고

이 부족한 죄인이

주님의 십자가를 지고 따르는 삶을

주님! 기억하소서

주님! 저를 불쌍히 여기시고

저를 주님의 품으로 인도하소서.


주님의 겸손과 온유의 십자가!

저도 지고,

주님을 따르게 하옵소서.

# 주님은 십자가 위에서

아버지 하나님! 이 부끄러운 죄인이
주님의 십자가를 제대로 깨닫지 못하고
주님 앞에 엎드리어
제가 구할 것만 노래를 부릅니다.

주님! 저는 주님의 그 사랑조차 깨닫지 못하고
여전히 세상을 좋아하고, 세상을 벗 삼으며,
세상의 쾌락을 즐거워하여
이 세상의 재물과 돈을 사랑하며
주님을 부인하며 살아왔습니다.

주님께서 십자가 위에서 저를 위해 살을 찢기시며
보배 피를 흘리시고
저를 위해 십자가 위에서 고난당하시며 운명하셨사오니
주님! 제가 주님의 그 크신 사랑을 찬미합니다.

주님! 저를 용서하소서.
제 평생에 주님을 향한 사랑이
저의 마음에 가득하게 하소서

주님! 제가 하찮은 이 세상의 재물 때문에

주님을 섬기는 일에 힘들어함을 보시옵고,

주님! 제가 세상에 목이 매여

이 세상의 일들 때문에 괴로워함을 보옵소서.

주님! 이 세상의 지나가고 말 것들을

주님보다 더 사랑치 않게 하옵소서.


주님! 제가 주님께 기도드립니다.

주님! 저를 주님의 품안에 두소서.

주님! 저의 죄악을 회개하며,

주님만을 사모하며 살려 하오니

주님! 제가 오직 주님만을 바라보며,

오직 주님만을 사랑하며 살도록 허락하소서.


주님! 주님을 알지 못하고,

세상에서 갈 길 몰라 방황하는 이 죄인을 용서하소서.

주님! 저는 주님께서 피 흘리시며 값 주시고 사신

주님의 사랑하는 종이오니, 주님! 저를 불쌍히 여기소서.

주님! 저를 기억하시어, 저를 주님의 품으로 인도하소서.

주님! 저를 불쌍히 여기시고, 저와 함께하소서.

# 고독의 십자가

주님께서 십자가 위에서 고난 받으실 때
주님의 곁에는 아무도 없었죠.
그렇게 믿고 따르던 제자들조차도
저 멀리서 두려움에 떨었죠.
주님의 좌우편에 앉고 싶다던 제자들도
주님의 십자가 곁에 결코 가까이 서지 못하였습니다.

주님의 곁에는 두 흉악한 강도가 함께
십자가에 달리었고,
겨우 한 강도만 십자가 위에서 주님을 믿었습니다.
하나는 좌편에 하나는 우편에
흉악한 두 강도들만이 주님과 함께 했습니다.

'너는 오늘 나와 함께 낙원에 있으리라.'
주님께 고백한 한 강도는 낙원, 영원한 천국
주님을 비방하던 한 강도는 영원한 지옥
제자들이 모두 떠난 뒤, 주님께서는 고독하게 홀로
십자가에 못 박히시어 운명하셨죠.

주님의 십자가는 고독의 십자가
아무도 따라가지 못한 죽음의 십자가, 주님의 고난의 길
흉악한 한 강도만이 주님의 마지막 길 함께 했죠.

주님! 저도 주님의 길, 가게 하소서.
주님의 십자가의 길, 걷게 하소서.
비록 홀로 주님의 길 따른다 해도
주님을 부인하지 않으며,
주님의 고독과 고난의 십자가 지고
주님을 따르며, 주님만을 섬기며 살게 하소서.

# 주님의 십자가 앞에 나 엎드렸으니

주님! 주님의 십자가 앞에 제가 엎드렸으니
주님! 주님의 십자가의 사랑! 제가 깨달아 알게 하소서.
온 세상 만물이 주님의 거룩하심을 알아
온 세상 모두가 주님의 거룩하심을 찬미하오니
주님이시여! 제 인생이 거룩하신 주님의 영광을
두 손 모아 찬미하고 또 찬미합니다.
제 인생을 사랑하고, 제 인생을 구속하신
주님의 그 크신 사랑을 제가 깨닫사오니
주님이시여! 저를 주님의 길로 인도하소서.
주님이시여! 저를 주님의 품으로 인도하소서.
주님! 주님의 십자가 앞에 제가 엎드려 간구하오니
주님이시여! 이 부족한 저를 받으소서.
주님! 제가 주님의 영광을 찬미합니다.
제 인생을 인도하시는 위대하신 주님이시여!
주님의 십자가는 저의 인생의 목표가 되며,
주님의 십자가는 저의 구원의 좌표가 됩니다.
주님! 주님께서 십자가 위에서 보혈의 피 흘리시어
저를 주님의 보배로운 피로 구속하셨사오니
주님! 제가 제 인생을 주님께 맡깁니다.

주님! 주님의 그 크신 사랑! 주님의 그 크신 은혜!

주님! 제가 주님을 사랑하고 또 사랑하여

주님께서 저를 위해 대속의 피 흘리신

주님의 그 사랑을 매일매일 사모하며 살아갑니다.

주님! 저를 도우소서. 주님! 저와 함께 하옵소서.

저의 인생의 길은 오직 주님의 것이오니

주님! 제가 오직 주님의 길로 걸어감을 기억하옵소서.

주님! 제 인생이 주님을 사랑하며, 사모하며

주님만을 위하여 살아가기를 소망하오니

혹 제가 부족함이 있어, 죄악에 빠져 방황할 때라도

주님! 주님께서 저를 거두시며,

저를 주님의 길에 두시어, 제가 주님과 함께 있게 하소서.

주님! 제가 주님을 의지하며, 주님을 사모하오니

주님! 제가 영원히 주님과 함께 있게 하소서.

# 주님께서 주신 구원의 은혜

주님! 제가 부족하여 주님 앞에 범죄함으로

제가 주님께 징계를 받을 때에

주님! 주님께서 저를 보호하시고 인도하심을

주님! 제가 깨달아 알게 됩니다.

주님! 주님께서 제게 베푸신 은총과

주님의 그 크신 십자가의 사랑을

주님! 제가 주님께 믿고 구하오니

주님! 주님께서 온전히 저를 받으시옵소서.

주님! 위대하신 주님의 그 크신 사랑을 사모하며,

주님의 위대하신 은총을 찬미합니다.

거룩하시고도 위대하신 주 하나님이시여!

저를 이 세상의 죄악에서 구해내소서.

주님! 저희들을 죄악에서 건져내신 주님을 찬미하오니

주님! 제가 거룩하신 주님의 이름을 노래 부르며,

주님의 위대하신 영광을 찬송합니다.

주님! 온 세상에 비추이시는 주님의 그 크신 은혜!

제게도 비추시고 나타내시니

주님! 주님께서 베푸신 구원의 은총을 제가 찬미합니다.

주님! 주님께 영광! 거룩하신 주님! 홀로 영광 받으소서.

주님! 오직 주님만이 위대하신 우리의 주 하나님이시오니

저의 인생의 길, 온전히 주님께 두게 하시어

제가 오직 주님의 영으로 기뻐하며 즐거워하게 하소서.

주님! 이 부족한 죄인이 저의 죄악에서 벗어나

위대하시고도 영광 중에 거하시는

주 하나님을 제가 뵈오니,

주님의 십자가 앞에 제 인생을 내어놓습니다.

주님! 제가 주님을 사랑함을 기억하시어

저의 길이, 오직 주님의 길 가운데 있도록 허락하소서.

주님! 제가 주님을 사모합니다.

# 영광의 주님이시여

아버지 하나님! 이 세상의 그 무엇보다

위대하시고도 존귀하신 주님!

주님의 이름을 찬미하며, 주님의 영광을 찬미합니다.

주님! 저에게는 주님밖에 없으며,

그 아무것도 저에게 위로가 되지 못합니다.

오직 십자가 위에서 돌아가신 주님만이

저의 반석이 되시며, 저의 능력이 되시오니

주님이시여! 저를 십자가의 길로 인도하소서.

주님! 제게 주님의 능력 베푸시어

저를 주님의 길로 인도하소서.

주님! 저는 갈 길을 몰라 방황하오니

주님이 아니시면, 저는 결코 일어날 길 없고,

주님이 아니시면, 저는 방황하고, 좌절하며,

또 넘어질 수밖에 없습니다.

주님! 저를 인도하시어, 저를 주님의 곁에 두옵소서.

온 땅의 위대하신 주님이시여!

주님! 주님은 거룩하시고도 위대하시며,

영광의 빛 가운데 거하시니

오직 주님의 빛을 만방에 알리시어

주님의 덕을 온 땅에 나타내소서.

주님! 저를 인도하소서.

주님! 제 영혼이 주님을 사모하며, 또 사모하오니

주님! 제 부끄러운 영혼, 주님께서 불쌍히 여기시어

주님! 저를 버리지 마소서.

주님! 오직 주님만을 바라보며 살아가도록

주님! 주님의 그 사랑을 제게 허락하소서.

주님! 십자가 위에서 피 흘리신 주님이시여!

오직 주님의 얼굴만이 제게 위안이 되시오며,

제 삶의 의미가 되시오니

주님! 주님만이 홀로 영광 받으소서.

주님! 제가 주님께 드리는 찬미 받으소서.

온 땅의 위에 오직 한분뿐이신 주님이시여!

제가 주님께 간구하오며 또 간구하오니

제 생애 전부를 오직 주님께서 받으시고,

오직 주님만이 저의 길 인도하소서. 아멘.

# 십자가에 달리신 주님

저를 위해 십자가에 달리신 주님은
저를 위해 고통의 십자가 지시고
저를 위해 몸 버려 피 흘리셨습니다.

주님! 제가 주님을 따르며
주님! 제가 주님을 사모하오니
주님! 저는 어디에서 주님을 뵈어야만 합니까?
저는 어디에서 주님을 기다리며,
주님의 뜻을 사모해야만 합니까?

주님! 저는 아직도 주님을 뜻을 깨달을 수 없습니다.
왜 제게 말씀하시지 않으시는지요?
숱한 사람을 만나고, 숱한 사람들을 보게 되지만,
주님! 제가 주님을 뵈옵지 못합니다.

주님! 저를 인도하소서.
주님! 저와 함께 하옵소서.
주님! 제가 주님을 향해 끊임없이 간구하오니
주님! 저의 갈 길 인도하옵소서.

주님! 저와 함께 하옵소서.

주님! 저를 주님의 품으로 이끄시어

주님! 제가 주님을 향해 부르짖는 소리를 들으소서.


주님! 제가 주님께 간구하오니

제 영혼이 오직 주님만을 섬기며,

주님의 영광을 위하여 희생하게 하옵소서.

주님! 제가 주님의 뜻을 깨달아 알게 하옵소서.

# 십자가의 주님을 나 찬양하네

위대하시고 영광스러우신 주님!
저를 십자가의 길로 인도하소서.
죄로 죽을 수밖에 없는 저희들을
주님의 보혈의 피로써 씻으시고
저희들을 생명의 길로 인도하소서.

주님! 십자가 위에서 피 흘리신 주님!
주님만이 홀로 영광 받으소서.
이 작은 입술이 주님을 찬송하며, 찬미하오니
위대하신 주 하나님이시여!
저희들이 주님의 이름을 높이 찬양합니다.

고통과 저주의 십자가를 홀로 짊어지시고
죄로 죽을 수밖에 없는 저희들을 살리신 주님!
저희들을 죄악에서 건져내시고 구원하소서.
주님! 저희들이 주님의 영광을 찬미합니다.
주님! 주님이 계신 영광스런 자리에 저희들을 인도하시니
저희들이 주님의 그 크신 사랑을 노래합니다.
주님의 그 거룩하시고 위대하심을 늘 찬미합니다.

오! 자비로우시고 영광 중에 거하시는 주님이시여!
주님께서 십자가 위에서 저희들을 위해 운명하셨으니
주님의 거룩하시고도 영광스런 이름을 찬양합니다.

우리를 영원히 구원하실 분! 세세무궁토록 영광 받으실 분!
하나님의 외 아드님, 독생자 예수 그리스도!
거룩하시고도 위대하신 우리 주님! 영광 받으소서.
예수 그리스도! 우리 주님! 십자가 위에서 희생하신 주님!
영원무궁히, 세세무궁토록 영광 받으소서.
저희들이 영광의 주님의 이름을 늘 찬미합니다.

# 날 구원하신 주님

주님이 날 구원하셨으니
제 마음이 늘 기뻐하며, 즐거워합니다.
주님께서 날 위해 십자가 위에서
몸 버려 피 흘리셨으니
주님! 제 마음이 늘 주님을 사모합니다.

주님은 나의 구세주!
날 구원하신 주님이시오니
주님! 제가 주님을 늘 사랑합니다.
주님! 저를 이끄소서. 저를 보호하소서.

주님! 주님은 위대하신 주님이시오니
주님! 제게 주님의 능력을 베푸시고,
위대하신 주 하나님의 그 크신 사랑을
제가 깨달아 알게 하옵소서.

주님! 제가 주님을 사랑합니다.
주님! 제가 주님을 사모합니다.
주님! 제가 주님을 늘 의지하오니.

주님! 저를 받으시고 인도하소서.

주님! 제가 늘 항상 기도드리지 못했음을 용서하소서.

주님! 제가 주님께 주님의 도우심을 구하오니

주님! 제가 주님과 늘 함께 있도록 허락하옵소서.


제 인생의 모든 것을 아시는 주님!

제가 주님께로부터 받은 소명을 잘 실천하여

주님께서 저를 기뻐하게 하옵소서.

주님의 영광! 제가 찬미케 하옵소서.


주님! 제가 늘 주님을 사모합니다.

주님! 제가 늘 주님을 사랑합니다.

66 주님! 제가 주님의 십자가 앞에 엎드리오니
주님! 제 모든 것을 주님의 십자가 앞에 내어놓습니다. 99

– 〈주님의 십자가 앞에 엎드리오니〉 중에서 –

제4장
회개의 십자가

# 주님의 십자가 앞에 나아가

주님의 십자가 앞에 나아가
저의 부족하고 부끄러운 모습을
주님 앞에 내려놓습니다.
주님! 저를 인도하옵소서. 저와 함께 하옵소서.
주님의 십자가 앞에 나아와 엎드리어
저의 죄악을 자복하고 또 회개하오니
주님! 이 부끄러운 몸, 이 부끄러운 영혼
주님께서 성령님의 불로 태우시어
제가 새로이 거듭나게 하옵소서.
주님의 새 사람이 되게 하옵소서.


주님! 제가 주님께 간구하옵고 간구하오니
주님! 저와 함께 하옵소서.
주님! 주님의 십자가 앞에 나아와
제 모든 짐을 내려놓습니다.
주님! 주님의 그 거룩하시고도
그 위대하신 주님의 뜻을
주님! 제게 베푸소서.
주님의 구원을 저희들에게 나타내소서.

주님께서 지셨던 십자가! 저주의 십자가!

죄악이 가득한 저희들이 주님께 나아와

주님의 십자가 앞에 무릎을 꿇고

주님! 저희들의 죄악을 회개하오니

주님! 저를 붙드소서.

주님! 주님의 보혈로 저를 씻기소서.

주님! 우리의 모든 것은 보잘 것 없으며, 형편이 없사오니

주님! 주님께서 주님의 위대하신 뜻을 베푸시며,

저희들의 죄악을 사유하시며,

저희들과 함께 하심을 믿습니다.

주님! 저희들을 주님의 품으로 인도하옵소서.


주님! 저희들의 길, 오직 주님의 길로 인도하소서.

주님의 십자가 앞에 엎드리어 울며 회개하오니,

주님의 그 사랑! 저희들에게 베푸소서.

주님의 이름으로 오시는

거룩하신 성령님의 능력으로

저를 거듭나게 하시어

오직 주님의 그 크신 사랑으로

이 어두운 세상을 주님의 빛 밝히며,

주님의 사랑 찬미케 하옵소서.

# 주님의 십자가 앞에 무릎 꿇고

주님! 제가 주님의 십자가 앞에 무릎을 꿇고
주님을 향해 나아갑니다.
주님! 저는 주님의 것이며, 주님의 사랑이오니,
주님! 제가 주님을 사모하오며, 주님을 향해 나아갑니다.
주님! 주님께서 저를 주님의 길로 인도하심을 믿사오니.
주님! 주님의 십자가 앞에 나아가 저의 무릎을 꿇고,
저의 죄를 자복하며, 저의 죄악을 회개하며
주님의 전에 엎드리어 주님께 간구합니다.

주님! 저를 인도하소서.
주님! 저와 함께하소서.
주님! 제가 주님의 십자가 앞에 무릎 꿇고
제 삶의 모든 것, 온전히 주님께 드리오니,
주님! 저를 받으소서.
제 인생의 모든 것, 오직 주님의 것이오니
제 삶의 모든 것, 오직 주님을 향한 사랑이오니
주님이시여! 제가 주님의 십자가 앞에
무릎 꿇고 엎드리어 간구하옵니다.
주님! 제가 주님께 간구함을 보옵소서. 들으소서.

주님! 주님의 십자가의 그 사랑, 제게 보이소서.

주님! 제가 주님 앞에 엎드리어 주님께 간절히 기도드리오니,

주님! 제가 저의 죄악을 눈물로 회개하며

주님 앞에 주님의 사랑을 간구함을 보옵소서,

주님이시여! 제 인생의 모든 것 온전히 주님의 것이오니

주님! 저를 받으소서. 저를 주님의 길로 인도하옵소서.


주님! 제가 주님의 십자가 앞에 무릎을 꿇고

주님의 인애와 사랑을 간구하오니

주님! 저의 인생이 주님 앞에 회개함을 보시고

주님의 이름으로 오시는 보혜사 성령님을

제게 한량없이 부으시어

주님! 제가 주님의 영으로 거듭나게 하옵소서.

주님의 성령님으로 저의 부족한 모든 것을 채우시어

주님의 영원한 나라에서 제가 주님과 영영히 있게 하옵소서.

주님! 저를 주님의 일꾼으로 쓰옵소서.

저는 위대하신 주 하나님을 찬양하는 종일 뿐이오니

주님! 홀로 영광 받으소서. 찬미 받으소서.

저는 오직 주님의 영광스런 이름만을 찬양하오니

주님! 세세무궁토록 영광 받으소서.

# 주님의 십자가 앞에 엎드리오니

주님! 제가 주님의 십자가 앞에 엎드리오니
주님! 제 모든 짐을 주님의 십자가 앞에 내려놓습니다.
주님! 주님이 아니시면 저는 아무것도 아니옵고,
주님의 사랑과 은혜가 아니시면
저는 주님의 길로 결코 나아갈 수 없습니다.

주님! 이 부끄러운 죄인을 용서하소서.
주님! 주님을 사랑하기 위하여
제 인생의 모든 것을 바치오니
주님! 저와 함께 하옵소서.
주님! 제가 죄인임을 깨달아
주님을 섬기게 하옵소서.

주님! 저는 들의 풀과 꽃들보다
더 보잘 것이 없어
벌거벗고 더럽고 추한 몸으로
주님의 십자가 앞에 엎드립니다.
주님! 저를 보호하소서. 주님! 저를 인도하옵소서.
사랑의 주님! 저와 함께 하옵소서.

제 인생의 길을 주님께서 친히 보이시고
온전히 주님께서 저와 함께 하심을 믿사오니
주님! 주님께서 저의 길 인도하옵소서.

주님! 주님께서 제 인생의 여정을 인도하심을 깨달아
주님! 주님을 사모하며, 주님을 찬미하며 살아갑니다.
주님! 저의 인생은 오직 주님께 있어
주님의 손길 가운데 제가 있음을 믿사오니
주님! 주님의 십자가 앞에 제가 엎드립니다.
주님! 저의 인생은 온전히 주님의 것이오니
주님! 주님만을 늘 사모하며 기다립니다.

거룩하신 주님! 이 부족한 죄인이 주님 앞에 엎드려
저의 부끄러운 죄악을 고백하오니
주님! 주님께서 저를 받으소서.
주님! 주님의 위대하심을 찬미하오니
주님이시여! 홀로 영광 받으소서.
주님의 위대하신 큰 뜻과 사랑을
늘 노래 부르며
주님의 그 위대하시고도 놀라우신 이름을 늘 전하렵니다.

# 십자가를 향한 인생

저의 인생의 길은

주님의 십자가를 향한 인생!

주님! 주님께서는 십자가 위에서

근본 하나님의 모습을 낮추시고,

성부 하나님 앞에 죽기까지 복종하셨으니.

주님이시여! 제가 주님의 십자가를 지고

주님을 따르옵니다.

주님! 저를 받으소서. 주님! 저와 함께하소서.

주님! 저는 오직 주님의 것이니,

주님! 주님만이 저의 소망이 되십니다.


우리의 인생의 목표는

오직 십자가의 길!

우리가 영원히 지고 가야 할 십자가는

주님께서 주신 고난.

내가 걸어가야 할 십자가의 길, 십자가를 향한 인생!


주님께서 걸어가신 고난의 길, 십자가의 길.

그 길을 따르려합니다. 그 길을 따라 걸어가려 합니다.

저의 삶의 목표는 오직 주님뿐!

주님! 주님만이 저의 인생의 모든 것 되시오니

주님께서 제게 주신 십자가 지고 주님을 따르려 합니다.

내겐 오직, 우리 인간을 위해 자신의 몸을 내어주신

주님의 그 크신 사랑을 찬양하며 사는 기쁨뿐!

내 인생이 늘 주님을 즐거워하며 노래하며 살려 합니다.


주님의 온유와 겸손의 십자가!

제가 지고 가야 할 십자가!

온유와 겸손으로 옷 입고

주님께 달려가야 할 우리 인생!

주님! 주님 앞에 부끄러운 이 죄악 된 몸을 내어놓고

저의 부끄러운 지난날의 잘못을 회개합니다.


온 인류의 구원을 위해

주님께서 친히 그분 자신을 희생 제물로 드리셨으니

주님의 십자가 위에 돌아가심은

나를 구원하시기 위함.

주님의 십자가 위에 돌아가심은

우리와 같은 죄인을 구원하시기 위함.

주님의 십자가 앞에
내 모은 인생의 짐을 내려놓습니다.
오직 주님께서 인도하심을 믿사오니,
이 부족한 몸 주님께 드려
주님께서 지신 십자가, 그 십자가 저도 지고
주님의 길 따르옵니다.
주님의 십자가의 길 따라 걸어갑니다.

# 주님! 제 모든 것, 주님의 것이오니

주님! 제 부끄러운 모습으로 주님께 간구합니다.

저의 인생의 길, 주님께 있사오니

주님! 주님께 인생의 길, 의지합니다.

주님! 저를 도우소서.

주님! 저를 주님의 품으로 이끄소서.

주님! 제가 주님을 사랑하며,

제 부끄러운 모습을 주님 앞에 내어놓사오니

주님! 제가 주님께 간구합니다. 주님! 저와 함께하소서.

주님! 제 모든 것은 주님의 것이오니

주님! 제가 주님께 엎드리어 간구합니다.

주님! 저의 인생의 길은 주님의 것이요.

저의 생의 모든 것은, 오직 주님께로부터 주어졌으니

주님! 제가 주님께 엎드리어, 주님께 간구합니다.

주님의 뜻을, 주님의 사랑을, 주님의 은혜를 간구합니다.

주님! 저를 용서하소서. 주님! 저를 인도하소서.

저의 더럽고도 부끄러운 죄악이 너무 커

제가 주님께로 가는 길을 막고 또 막고 있사오니

이 불쌍한 저를 주님의 사랑으로 다듬으시고 함께하소서.

주님! 저를 주님의 길로 인도하소서

# 주님의 십자가 앞에 엎드렸사오니

오! 주님! 저를 용서하소서.
주님의 십자가 앞에 제가 엎드렸사오니
주님! 저를 불쌍히 여기소서.
주님! 저는 주님 앞에 용서받지 못할 죄인이오니
주님! 저를 불쌍히 여기소서.
주님! 저의 죄악을 주님의 보혈로 덮으소서.

주님을 부인했고, 주님을 섬기지 못했던 제가
주님 앞에 엎드려
저의 지난날의 잘못과 저의 죄악을 회개하오니
주님! 저를 주님의 보혈로
눈과 같이 깨끗하게, 희게 씻기소서.

주님! 주님의 진노를 당한 자는
음녀의 입의 함정에 빠진다고 하였는데, (잠22:14)
주님! 제가 주님의 진노를 당하였습니다.
주님! 세상의 길과 세상의 쾌락에 빠져
경건한 생활을 잃어버리고 말았습니다.
주님! 주님 앞에 제가 꿇어 엎드립니다.

주님! 주님의 십자가 앞에
저의 죄악의 짐을 내려놓습니다.
주님! 주님께서 십자가 위에서
몸 버려 피 흘리시어
저를 큰 죄악에서 건져내셨사오니,
제가 주님 앞에 꿇어 엎드려 간구합니다.
주님! 저를 용서하소서.
저를 주님의 길로 인도하소서.

주님! 저를 주님의 보혈의 피로 씻으소서.
주님! 저의 죄악으로 부끄러이
더러워진 이 몸을
주님의 십자가 앞에 내어놓사오니,
주님! 저를 주님의 길로 인도하소서.
주님의 보혈의 피로
저를 눈과 같이, 양털과 같이
주님! 저를 깨끗하게 씻기소서.

# 예수님의 십자가의 마음

예수님의 십자가는 진실
예수님의 십자가 나도 지고 주님을 따르려네.
주님! 주님처럼 늘 진실하게 하소서.
마음에 더러움이 없이
늘 주님을 의지하며, 주님을 따르며,
주님을 사모하게 하소서.

주님! 오늘도 저의 마음은 더럽고 추하오니
주님! 주님께서 저의 죄를 씻으시어
주님처럼 정결하게 청결하게
주님의 십자가의 마음 깨닫게 하소서.
주님처럼 늘 진실의 십자가 지고
주님을 따르게 하소서.

예수님의 십자가의 마음은 밀알
주님께서는 친히 하나님이셨음에도
스스로 낮아지시어, 인간의 몸을 입으시고
십자가에 달리시어 피 흘리시기까지
죽음의 자리에 나아가셨네.

친히 한 알의 밀알이 되시었네.
주님께서는 한 알의 밀알이
썩어지지 아니하면
그 결실을 맺을 수 없다 하시었으니.
주님! 저도 주님처럼 한 알의 밀알이 되게 하소서.

주님의 사랑은 우리를 위하여
십자가 위에서 고난당하심.
인간을 죄에서 구속하기 위하여 그 일을 이루심.
십자가 위에서 피 흘리시며
대속의 죽음을 맞이하셨네.
주님! 저의 죄악을 회개합니다.
주님의 십자가의 그 사랑을 제가 깨달아
주님 앞에 엎드립니다.

주님의 십자가는 우리의 거울
이제 우리가 대신 메고 가야 할
우리 주님의 짐,
주님의 십자가지고,
우리 주님을 따르렵니다.
주님의 길을.

예수님의 십자가는 온유와 겸손

주님은 말없이 흠 없는 어린 양, 희생 제물이 되시어

십자가 위에서 피 흘리시었네.

주님의 십자가는 고난,

죄 없이 버림받으신 주님.

그러심에도 주님께서는 끝까지

그 고난을 참아내셨네.

우리에게 인내와 믿음의 길을 보이시었네.


주님이 지신 십자가, 온유와 겸손.

주님께서 십자가 위에서 운명하셨네.

그리고 사흘 만에 다시 부활하셨네.

주님! 주님을 사랑하는 자, 반드시 걸어야 할 길

골고다 언덕길, 십자가의 길.


주님께서 걸어가신 길, 십자가의 길.

주님께서 십자가 위에서 찢기신 살과 흘리신 피는

우리를 대속하여 죽으신

주님의 거룩하신 사랑.

주님! 저의 믿음 없음을 회개합니다.

주님! 주님의 그 사랑으로 주님을 섬기려합니다.

---

주님! 주님의 거룩한 사랑을 감사합니다.

주님! 주님을 사랑합니다.

주님의 길로 저를 인도하소서.

주님! 저와 함께 하옵소서.

주님! 제가 주님을 사모하오니

주님! 주님의 온유와 겸손, 그 십자가의 짐을 지고

주님만을 따르며,

주님만을 섬기며 살게 하소서.

# 주님의 십자가를 지고

주님! 주님의 십자가를 지고, 주님을 따르옵니다.

주님! 저의 인생은 오직 주님께 있고,

주님의 이끄심 가운에 있사오니.

주님! 믿음 없는 저를 용서하소서.

저를 불쌍히 여기소서.

제 인생의 주님이시여!

저를 받으시고, 저를 주님께로 이끄소서.


주님! 제가 지닌 십자가는

주님을 바르게 섬기지 못하는 이것이오니

주님을 올바르게 섬기며 사는 이것이

주님께서 제게 주신 소명임을 깨달아 알게 됩니다.

주님을 바르게 섬기며 사는 이것이

저에게는 주님 전에 소원이오니

주님! 제가 주님을 바르게 섬기며 살게 하소서

주님! 제가 주님을 바르게 섬기지 못하여

주님 전에 주저앉아 괴로워하오니

주님이시여! 저를 주님의 품으로 인도하소서.

주님! 저와 함께 하옵소서.

제 인생이 주님을 사모하며 또 사모하오니

십자가 위에서 고난당하신 주님!

제가 주님을 올바르게 섬기며,

주님을 떠나지 않고 잘 따르도록 허락하소서.

주님! 제 영혼이 주님의 십자가 앞에 울며 서서

저의 십자가를 잊어버리고 괴로워하오니

주님이시여! 주님의 그 사랑의 손길 제게 펴시어

제가 주님의 십자가를 지고 주님을 따르도록 허락하소서.


주님! 제가 주님 앞에 엎드리어 회개하오니

주님! 저를 버리지 마소서. 저를 불쌍히 여기소서.

제 영혼이 주님을 사모하며 사랑하여

주님과 함께 있기를 원하오니,

주님이시여! 저를 인도하소서.

주님! 저를 주님의 사랑의 줄로 주님께 매소서.


주님! 제가 주님의 십자가의 사랑을 깨달아

주님만을 섬기며, 주님만을 의지하며,

'내 이웃을 내 몸과 같이 사랑하라'는 주님의 말씀을 깨달아

주님께서 사랑하시는 이웃들을 찾아 나서렵니다.

주님의 십자가 지고, 주님이 계신 그곳으로 달려가렵니다.

# 사랑의 십자가

주님의 십자가는 사랑의 십자가,
나를 위한 주님의 사랑
주님께서 날 위하여
십자가 위에서 고난당하셨네.
십자가 위에서 피 흘리시며, 고난 받으셨네.

주님께서 십자가 위에서 돌아가심으로
우리의 죄악의 짐과 질병의 짐을
모두 담당하셨네.
주님은 흠과 티가 없으신 거룩하신 하나님!
우리를 위하여 인간의 몸을 입으시고
십자가 위에서 보혈의 피 흘리셨네.

주님! 제가 주님을 사랑합니다.
주님의 그 크신 은혜와 사랑,
제가 깨달아 주님을 찬미합니다.
주님! 주님의 십자가의 그 사랑을
제가 잊어버렸음을
주님! 용서하소서.

주님! 제가 주님을 처음 뵈올 때, 그때처럼
주님! 저를 회복시키소서.
주님을 처음 알게 되어 주님을 사랑할 때, 그때처럼
주님을 의지하며, 주님을 섬기며,
주님을 사랑하며 살게 하소서.
주님! 제가 주님을 사모합니다.

주님! 주님의 사랑의 십자가를
제가 잊지 않게 하옵소서.
제 인생의 전부를 아시는 주님!
제가 주님께 간구합니다.
저의 죄악의 짐, 모두 주님께 내어놓사오니,
주님! 저를 받으소서.
주님! 제가 주님을 사랑하지 못했음을 회개하오니
주님! 저를 사랑하시는 주님! 저를 받으소서.

주님! 저를 주님의 품으로 이끄시어
저를 주님의 도구로 쓰옵소서.
주님! 저의 사랑 없음을 용서하시고,
이제는 제가 주님을 따르며, 주님만을 의지하며,
주님만을 사랑하며, 주님만을 섬기며 살게 하옵소서.

# 주님의 십자가의 은혜가 너무 크오니

주님! 저는 죄인입니다.

저는 보잘 것 없고, 매번 죄만 지으며,

주님을 부인하며, 주님을 따르지 못하며,

아직까지 죄의 속성을 버리지 못하여

주님 앞에 이 부끄러운 죄인의 모습으로 살아갑니다.

주님! 저를 용서하소서. 주님! 저를 불쌍히 여기소서.

주님! 저는 죄인이오니,

주님! 저를 불쌍히 여기시어

주님! 저를 버리지 마옵소서.

주님! 제가 주님 앞에 서기를 원하오니

주님! 저를 불쌍히 여기시고,

주님! 저를 받으소서.


주님! 제가 주님께 간구합니다.

주님의 그 크신 사랑을, 주님의 그 크신 은혜를

제가 잊지 않고, 주님! 제가 항상 기억하게 하옵소서.

주님! 제가 주님의 그 크신 사랑을 버리고

주님을 떠나 곁길로 갔사오니

주님! 제가 이제는 죄악의 길에 빠지지 않게 하옵소서.

주님! 제게 사랑하는 아내와 가정을 주심을 감사합니다.

항상 저의 곁에서 저를 위하여 기도하게 하시니

이 모든 것이 주님의 사랑이옵고,

이 모든 것이 주님의 은혜임을 깨닫습니다.

주님! 이제는 제가 이 세상의 죄악의 길을 떠나

제가 주님만을 섬기며 살겠사오니

주님! 제 모든 것 주님께 드리겠사오니

주님이시여! 저와 함께 하옵소서.

저를 주님의 사랑의 품으로 인도하소서.


제가 주님의 길 걷게 하소서.

저의 믿음 없음과 주님을 떠난 죄악을

주님 앞에 고백하오니

주님의 피 묻으신 손으로

저를 어루만지시며, 저를 이끄소서.

주님! 주님의 십자가의 은혜가 제게 너무 크오니

주님의 십자가의 그 사랑!

제가 잊지 않게 하옵소서.

주님! 제가 정말로 주님을 사랑하오니

주님! 제가 주님을 섬기며 살도록

저를 주님의 길로 인도하소서.

# 주님의 십자가를 내가 지고

주님! 주님의 십자가를
제가 지고 주님을 따르옵니다.
주님께서 저희들을 위해
십자가 위에서 고난을 당하셨사오니
주님! 제가 지난날의 죄악을 회개하며,
주님! 제가 주님께로 달려갑니다.

주님! 저의 죄악을 용서하소서.
주님! 저를 받으소서.
온 땅에 주님의 사랑이 충만하기를 기도하오니
주님! 이제는 주님의 십자가를 지고
제가 주님을 따르기를 원하옵니다.

오! 자비로우시고, 사랑이 많으신 주님!
제가 주님을 따르도록 허락하소서.
주님의 허락하심이 아니시면,
저는 그 아무것도 할 수 없사오니
주님 제게 주님의 자비와 사랑을 베푸소서.
주님께서 허락하시지 아니하시면,

제가 결코 주님을 따를 수 없사오니
주님! 주님께서 저를 인도하소서.
저를 주님의 품으로, 주님의 길로 이끄소서.

주님! 제가 주님을 위하여 살기를 원하오니
주님! 저를 인도하소서. 저와 함께하소서.
주님! 제가 주님께 간구합니다.
주님! 제가 주님을 따를 수 있도록
부족하지만 저를 주님의 십자가의 길에 세우소서.

주님! 제 힘으로는 결코 제가 아무것도 할 수가 없사오니.
오직 주님께서 저의 길 인도하심으로
제 모든 것이 주님께 있기를 간구합니다.
주님! 기다립니다. 주님의 부르심을
주님! 간구합니다. 주님의 응답하심을.

주님께서 부르실 때까지
제가 주님께 간구하며 기다립니다.
주님! 주님의 십자가를 제가 지고
제가 주님의 길 따르기를 원하옵니다.
온 땅에 주님의 그 크신 사랑 충만하기를 소망합니다.

# 가장 어려울 때 십자가를

가장 마음이 답답하고 심란하고 어려울 때

주님! 제가 주님의 인자하심과

위대하신 주님의 영광을 찬미합니다.

주님! 제가 세상으로부터 버림받으며,

세상으로부터 조롱받고 있다고 느낄 때

실패와 좌절의 경험 후에, 그제야

주님께서 친히 죽음의 십자가를 지시며,

그 무거운 십자가를 지시고 골고다 언덕길을 올라가신

주님의 인애와 온유와 겸손을 사랑합니다.

주님의 죽으심과 십자가에 못 박혀 고난당하심.

주님의 희생과 구원과 사랑을 소망합니다.

우리를 이끄시고 우리를 보호하시는 주님!

제게 정의와 공의를 가르치시옵고,

제게 주님의 그 사랑을 가르치시옵소서.

사랑의 의미를 말씀하시는 주님!

가장 마음이 답답하고 어려울때

저희들이 주님의 십자가를 바라봅니다.

이 세상에서 바르게 산다는 것.

이 세상에서 주님을 위하여 산다는 것.

이웃을 사랑하라는

주님의 그 단호하시고도 자애로우신 말씀에도

세상은 그리 저희들이 살아가기가 만만치 않아 슬퍼합니다.

우리의 인생길이 아무리 힘들고 어렵다 해도

주님께서 걸어가신 십자가의 길에 비하면

그 아무것도 아니지만

주님! 그래도 저희들은 힘이 듭니다.

주님을 따르는 길에, 주님을 향해 가는 길에

주님의 십자가를 바라봅니다.

주님! 제가 걸어가는 길,

이 길이 정녕 주님의 길을 따르고 있는지

제가 전혀 알지 못합니다.

피곤하고 힘들 때면 일어나

주님의 십자가를 바라봅니다.

거기서 고난당하신 주님의 얼굴 뵈옵니다.

주님을 따르기 위해 제 모든 십자가 지고

주님! 주님을 향해 달려갑니다.

주님은 저의 구속주, 하나님이심을 아는 까닭에

주님이 계신 십자가, 그 자리, 거기에서

말할 수 없는 발걸음으로, 급히 주님 앞에 달려가

주님께 제 모든 짐 내려놓습니다.

# 선한 길

주님! 제가 선택한 악한 길

그 길은 주님이 계시지 않는 길.

그 길을 주님께서 폐하시니,

내가 다시 선택한 선한 길, 주님을 사모하는 길

그 길로 주님께서 저를 인도하심을 보게 됩니다.

저를 대적하는 악한 세력은

주님께서 물리치시며, 저를 보호하시오니

주님! 주님으로 인하여

제가 이 세상으로부터 구원을 받습니다.

주님! 주님께서 보시기에 제 가는 길이

비록 악하고 추하며, 더러운 길을 벗어나지 못하여

방황하며 허우적거릴지라도

주님이시여! 저를 불쌍히 여기소서.

주님께서 저를 인도하시고 보살피시옵소서.

주님! 제 영혼이 주님을 사모하오니

제 영혼이 주님의 이름을 사랑하여, 찬미하며

주님의 그 크시고 위대하신 이름을 찬송합니다.

주님! 저의 가는 길! 오직 주님의 선한 길 가운데 두옵소서.

주님! 제가 위대하신 주님의 이름을 불러

주님의 거룩하시고도 오묘하신

주님의 말씀을 기다리고 또 기다리오니

주님! 저에게서 악한 길을 제하여 버리시고,

주님의 선한 길로 저를 인도하소서.

주님! 제 인생의 주님이시여.

제가 더 이상 외롭지 않고,

더 이상 저의 마음이 가난하지 않도록 허락하시어

제가 주님을 사모하며, 주님을 찬미하며 살도록

주님의 그 사랑을 제게 허락하옵소서.

주님! 주님의 위대하신 음성을

제가 듣기를 간구하오니

주님! 이 죄인을 주님의 보혈로써 용서하시고, 사하시며,

주님의 거룩하신 성령님의 불로

저를 거듭나게 하소서.

주님의 영광의 손길! 제게 보이소서.

주님의 보혈의 사랑으로 저를 씻기시고, 인도하시어

저를 주님의 쉴 만한 물가로 인도하소서.

주님! 주님의 그 사랑의 손길! 제게 나타내소서.

# 주님의 십자가를 바라보노라면

며칠 동안 주님을 떠나 있었던 생활!
몸도 마음도 내어 놓고
어깨에 진 짐들조차
지금 이 순간에 모두 다 내려놓고
주님께서 몸 버려 피 흘리신
주님의 십자가를 바라봅니다.

주님! 주님은 어디 계신지요?
지금 어디에서 저를 바라보시고 계신지요?
주님께서 바로 지금 이 시간에 십자가를 지시고
저를 바라보시고 계시는데
저에게는 한없는 부끄러움과 죄스러움 밖에 없습니다.

지금 살아계신 부모님조차 공경하지 못하여
주님 앞에 죄스러운 마음이 저를 괴롭히오니
주님! 어찌 제가 주님을 뵈올 수 있을까요?
주님! 제가 주님께 부르짖어 주님의 얼굴을 뵈오며
주님의 십자가의 그 사랑을 기억하여
주님을 사모하여 주님께 간절히 간구하며 또 간구합니다.

주님! 저를 불쌍히 여기소서. 저를 기억하옵소서.

주님! 제가 부모님을 잘 섬기지 못하며,

부모님을 사랑하지 못했음을 용서하시고,

저의 부모님께로부터 믿음을 본받고 배우도록

제게 주님의 사랑을 허락하소서.


주님! 저는 부족합니다.

주님! 저는 나약하고 보잘 것 없습니다.

이 죄인이 주님을 사모하며 사랑하오니

제 인생의 전부를 살피시는 주님이시여!

제가 주님을 사랑하며, 주님을 섬기며

제가 주님을 사모하며 살도록 허락하소서.


주님! 제가 주님을 올바르게 섬김으로

제 아들과 딸이 온전히 주님을 바르게 알게 하시고,

제가 올바르게 저의 아이들을 가르치지 못하였다하더라도

주님께서 친히 제 아들과 딸을 보호하시며, 지도하소서.

제 아들과 딸이 위대하신 주님의 사랑을 알도록 허락하소서.

주님의 그 크시고 위대하신 사랑과 주님의 원대하신 뜻을

주님의 도우심으로 올바르게 깨달아 알게 하소서.

오직 제 아이들이 주님의 뜻 가운데 바르게 자라게 하소서.

주님! 주님께서 십자가 위에서 고난당하심으로

주님께서 친히 십자가 위에서 몸 버리시어

보배로운 피 흘리시며 고난당하심으로

저희들을 죽음의 죄악에서 친히 구원하여 내셨으니

주님! 주님을 사모하는 기쁨과 즐거움이

제 아들과 딸에게 있게 하소서.

주님! 제 아들과 딸이

주님의 도우심의 손길 가운데 있어

주님의 우리를 구속하신 그 크신 사랑을 분명히 깨달아

주님을 사랑하며 사는 그 기쁨을 매일 누리게 하소서.

주님! 주님의 손길로 도우소서.


주님! 주님께서 친히 지고 가신 십자가!

주님께서 피 흘리시며, 친히 지고 가시어

그곳에서 못 박히시며, 운명하시며, 희생하신

그 십자가를 바라보는 저를 살피소서.

주님! 주님께서 친히 일어나시어

저희 가정을 지키시며 인도하소서.

주님! 저희 아들과 딸이

거룩하신 주님을 섬기며 살도록 허락하소서.

# 하나님의 은혜로

아! 하나님의 은혜로, 내가 구속함을 입었으니
내 모든 것이 일어나
주님의 그 위대하신 사랑을 찬송하네.
주님을 위해 나 사는 것, 내가 살아가는 이유.

주님을 위해 내 모든 것 쓰려 하네.
하나님의 은혜가 내게 임하니
내가 가진 모든 것,
주님을 위해 모두 사용하게 되네.

내 갈 길, 주님께서 인도하시는 길
주님의 뜻을 위해, 오직 주님을 위해
이제 내 모든 것 쓰려 하네.

주님의 은혜의 삶으로, 주님을 위한 삶으로
내 모든 것 드리며 살아야 하네.
주님 위해 내 모든 삶, 주님께 드리며 살려 하네.
주님 위해 살아가려 하네.

# 제가 주님의 십자가를 따를 때

위대하시고! 거룩하신 주님!
주님! 저의 갈 길은
오직 주님께 있지 않은지요?
제가 주님의 십자가를 따를 때
주님께 저의 갈 길을 묻습니다.

주님께서 십자가에 몸 버려 피 흘리시어
저를 안으시고 저를 구속하셨으니
주님! 제가 기뻐하는 것은
주님께서 살아계시기 때문이오며,
주님! 제가 주님을 기뻐하는 것은
이 세상의 길 버리고,
주님을 따르는 즐거움이 제게 있기 때문입니다.

주님! 제가 주님께 바라옵는 것은
주님! 제가 주님의 십자가를 따를 때,
이 세상의 저의 부모님들께서
제가 가야 할 길을
주님 앞에서 마땅히 먼저 깨달아 아는 것입니다.

주님! 제 인생의 여정은 주님의 것이오며,

제가 두렵고 떨림으로 주님을 섬기는 것은

저의 가는 길이 이제는 죄악에서 벗어나

오직 주님 한 분만을 섬기며

주님을 위하여 살아야하는

소명이 제게 주어져 있기 때문입니다.


주님! 저의 죄악을 용서하소서.

주님의 보혈로써, 저의 죄악을 씻기시고

주님의 보혈로써 저를 정결케 하소서.

주님! 제가 주님 앞에 비오니

제가 주님 앞에 겸손히 꿇어 엎드림을 보시고

이 세상의 방법이 아니라, 오직 주님의 방법대로

제가 주님을 의지하며, 주님을 섬기며 살게 하소서.


주님! 주님께서 가르치신 공의와 정의를

제가 분명히 깨달아 알며,

주님께서 제게 가르치신 방법대로

제가 주님의 뜻을 의지하며 살게 하소서.

주님! 제가 주님께 간구하며 또 간구하오니

주님! 저를 받으시어 제가 주님을 섬기며 살게 하소서.

**"** 그분의 십자가에 달리심은 나를 구속하기 위함.
그분의 십자가에서 피 흘리심은 나를 대속하기 위함. **"**

- 〈예수님의 보배로운 피〉 중에서 -

제5장
예수님의 보혈

# 예수님의 보혈의 피

주님의 보혈! 능력이 있습니다.

주님의 보혈! 우리를 구원하실 능력이 있습니다.

주님! 주님의 흘리신 보혈의 피 때문에

저희들이 죄에서 건짐을 받습니다.

위대하신 주님! 저희들에게 주님의 보혈의 능력을 베푸소서.

주님의 성령님의 능력을 부으소서.

주님의 보혈로 저희들이 나음을 입었으니

주님의 그 크신 사랑! 저희들이 전하렵니다.

위대하신 주님께서 베푸신 그 거룩하신 사랑!

온 세상에 외쳐 전하렵니다.

주님께서 십자가 위에서 몸 버려 피 흘리심으로

저희를 죄악에서 건져내셨으니

주님! 주님의 이름을 온 세상에 소리쳐 외쳐 부릅니다.

거룩하신 주님의 권능을 온 세상에 선포합니다.

주님! 저희들에게 오시어

주님의 그 크신 능력을 베푸소서.

오! 자비로우시고 위대하신 주님!

저의 인생은 주님께 있고, 제 마음은 주님을 섬기오니

주님! 주님의 위대하신 능력을 소리 높여 외쳐 부릅니다.

주님! 저희들에게 주님의 그 크신 사랑 베푸소서.

거룩하신 주님이시여!

저희들이 위대하신 주님의 영광을 찬미합니다.

우리를 구원하신 주님이시여!

주님의 그 거룩하신 이름을 온 세상에 소리쳐

소리 높이 외쳐 부릅니다.

주님의 그 구원의 이름을 소리 높이 찬미합니다.

# 예수님의 피

예수님의 십자가 위에서 피 흘리심은
나를 구속하시기 위함.
예수님의 피는 거룩하신 피.
예수님의 피는 나를 구원하신 피.
주님께서 십자가에 피 흘리심으로
내가 구속함을 입었네. 구원을 얻었네.
주님의 십자가 위에서 죽으심으로
내가 생명을 얻게 되었네.
내 영혼이 죄의 사슬에서 벗어나
주님의 십자가를 바라봄은
주님께서 날 위해 피 흘리시며
나를 구속하셨기 때문.
주님께서 어린 양 희생 제물이 되시어
나의 영혼! 주님께서 구속하셨네.
죄의 사슬에서 풀려나
주님께 나아갈 수 있게 되었네.

# 예수님의 피 흘리심을 기억하라

예수님의 피 흘리심을 기억하라.

주님의 십자가 위에서 흘리신 보배로운 피를 기억하라.

주님은 왕! 위대하신 하나님!

십자가 위에서 피 흘리시어 우리를 구원하신 하나님!

예수님의 십자가 위에서 흘리신 보혈을 기억하라.

주님은 위대하신 왕! 우리를 구원하신 하나님!

주님께서 십자가 위에서 몸 버려 피 흘리셨으니

우리를 구원하신 주님의 그 크신 이름을 찬미하세.

주님께서 십자가 위에서 피 흘리셨네.

날 구속하기 위해 나의 죄악을 대속하기 위해

주님께서 십자가 위에서 속죄의 피 흘리셨네.

우리 모두 찬송하세. 찬미하세.

주님께서 십자가 위에서 피 흘려 우리를 구속하셨음을.

우리 모두 찬양하세. 찬미하세.

주님의 위대하신 사랑과 그분의 거룩하신 죽으심을.

주님은 위대하신 나의 주, 나의 하나님!

나를 위해 십자가 위에서 피 흘리시며 희생하시어

나를 위해 대속의 죽음으로 날 구원하신

주님은 위대하신 왕! 나의 주님, 나의 하나님!

# 예수님의 보배로운 피

예수님의 피는 보배로운 피, 주님의 보혈.
그분은 흠과 티가 없으신 하나님의 외 아드님.
주님께서 보혈의 피, 흘리셨네.
이 낮고 천한 세상에 오시어
인간의 몸을 입으시고,
십자가에 달려 고난받으셨네.
주님의 보배로운 피 흘리셨네.

그분의 십자가에 달리심은 나를 구속하기 위함.
그분의 십자가에서 피 흘리심은 나를 대속하기 위함.
하나님의 어린 양이 십자가에 달리셨네.
하나님의 외 아드님, 독생자 예수 그리스도
우리를 위하여 주님의 보배로운 피 흘리셨네.

죄의 삯은 사망이니, 우리가 죄로 죽을 수밖에 없었네.
주님께서 십자가 위에서 몸 버려 피 흘리시니
우리에겐 더 이상 죄가 흐를 수 없네.
주님의 보배로운 피로 죄에서 구속함을 입게 되었네.
우리가 죄에서 나음을 입게 되었네. 죄 사함 받게 되었네.

주님의 보배 피로 죄에서 벗어나

죽음에서 우리가 구원함을 받았으니

더 이상 죄에 매일 수 없네.

더 이상 더러운 죄악으로 인하여 괴로움 당할 수 없네.

아무런 흠과 티가 없으신 하나님의 어린 양이

우리를 위하여 십자가에 달려 고난받으심으로

우리가 나음을 입었네, 속죄함을 입게 되었네.


주님! 주님의 보혈을 찬양합니다.

주님의 거룩하신 이름을 찬양합니다.

어린 양 희생 제물이 되시어

대속의 속죄양이 되신 주님을 찬양합니다.

오! 주님! 거룩하시고도 위대하신 주님!

주님 앞에 우리 모두 소리 높여 주님께 영광 돌리오니,

주님! 영광 받으소서. 주님! 홀로 영광 받으소서.

주님의 거룩하신 이름! 온 땅위에 더욱 높아지소서.

# 구원은

구원은 전적으로 하나님께서 베푸시는 은혜.

주님께서 십자가 위에서 몸 버리시어

피 흘리지 아니하셨다면,

나 같은 죄인은 영원히 구원을 얻지 못해.

주님께서 내게 베푸신 구원의 은혜

내가 영원히 주님을 기뻐 노래할 일이니

주님의 그 크신 놀라운 뜻을

내 영혼이 기뻐 찬미하네.

위대하신 주 하나님의 그 크신 사랑을

내가 소리 높여 찬송하네.

위대하시고 거룩하신 주님!

저를 주님의 품으로 인도하시고, 구원하소서.

위대하신 주님은 나의 소망.

내가 영원히 찬송할 나의 노래.

내가 위대하신 주님을 찬양하며, 기뻐하며 뛰어놀리.

주님! 저를 용서하소서.

저의 인생길 주님께서 인도하시고, 보호하소서.

저의 인생을 다스리는 주님!

주님의 구원의 은혜 제게 베푸소서.

주님은 십자가 위에서 몸 버려 피 흘리셨으니

우리와 같은 죄인들 위해 친히 희생하셨으니

주님! 주님께서 우리 주 하나님이 되심을 믿습니다.

주님! 주님께서 저를 주님의 품으로 인도하시고,

저를 주님의 품에 두소서.

주님! 제 인생의 길을 오직 십자가의 길에 두소서.

주님! 주님께서 저를 위해 흘리셨던

십자가의 보혈의 피로 제가 구원을 받았사오니

주님! 십자가의 보혈로 저를 씻기소서.

주님의 십자가에서 흘리신 보혈로 저를 씻기시어

주님! 저를 주님의 품으로 인도하소서.

# 예수님의 피 흘리심은

예수님의 피 흘리심은 화목 제물이 되심.
주님께서 십자가 위에서 피 흘리심으로
주님께서 흠 없는 어린 양, 화목 제물이 되시니
주님께서 하나님과 우리 인간 사이를 화목케 하시었네.
우리 주님께서 십자가 위에서 피 흘리심으로
우리가 이제 하나님께 감사함으로 나아갈 수 있게 되었네.
주님의 그 크신 이름을 찬미할 수 있게 되었네.

예수님의 피 흘리심은 속죄 제물이 되심.
주님께서 십자가 위에서 대속의 피 흘리심으로
주님께서 흠 없는 어린 양, 희생 제물이 되시니
주님께서 우리를 죽음의 죄에서 구속하시었네.
우리가 나음을 입게 되었네.

주님이 아니시면, 우리는 죄를 벗어날 수 없어
주님이 아니시면, 우리는 결코 하나님께 나아갈 수 없어.
주님께서 십자가 위에서 속죄의 보배 피 흘리시니
우리가 거룩하신 주 하나님께 감사하며
주님께 경배하며 나아갈 수 있게 되었네.

주님께서 우리의 죄를 친히 담당하시었네.
주님께서 십자가 위에서 그 보배 피 흘리시니
우리가 구속함을 입게 되었네. 나음을 입게 되었네.
우리가 눈과 같이 깨끗한 흰옷을 입고
영원하신 주 하나님께 나갈 수 있게 되었으니.
우리 어찌 찬양하지 아니할 수 있으리.
주님께서 십자가 위에서 피 흘리심, 속죄 제물이 되심
우리 어찌 기뻐하며 찬양하지 아니할 수 있으리.


예수님께서 십자가 위에서 그 보배 피 흘리심으로
어린 양, 희생 제물이 되시어, 주 하나님께 드려지셨으니
우리 지은 모든 죄, 주님께서 친히 담당하시었으니.
우리 기뻐하며, 춤추어 뛰놀며 찬양하네.


내 지은 모든 죄 주님께 아뢰고 회개하면
주님께서 우리의 모든 죄악 친히 담당하시리니
우리가 나음을 입게 되네, 구속함을 입게 되네.
주님은 하나님의 어린 양 친히 희생 제물이 되시어
십자가 위에서 몸 버려 피 흘리시며,
화목 제물과 희생 제물이 되셨으니
우리가 지은 모든 죄 씻음 받았네. 사함 받았네.

우리 어찌 주 하나님을 찬양하지 않을 수 있으리.

이 죄 많은 인간을 사랑하시고 용서하시어

십자가 위에서 주님의 그 보배로운 피 흘리셨으니

주 하나님의 영화로운 이름을 찬양하네.

주님의 이름, 그리스도 예수!

그분의 이름을 높이 외치리.

그분의 이름을 높이 불러 주님께 영광 돌리리.

_ 주님의 피 흘리심이 없었다면, 아마 우리의 삶은 무의미해졌을 것이며, 우리의 삶은 죄로 영속될 수밖에 없는 삶이 되었을 것입니다. 그러나 우리는 이제 희망과 용기를 얻습니다. 그것은 주님께서 우리를 구속하시고, 우리와 함께 하시고 계시기 때문입니다.

_ 주님께서 십자가 위에서 몸 버려 피 흘리심으로 우리가 나음을 입었고, 우리의 삶이 진정한 가치를 누릴 수 있게 되었습니다. 우리는 주 예수 그리스도로 힘입고, 그분이 십자가 위에서 돌아가심으로 우리를 구속하셨다는 사실을 알기 때문입니다. 우리는 주 예수 그리스도의 십자가에서의 대속의 죽으심과 그분의 구속의 은총을 믿습니다. 주님이 우리의 영원한 소망이 되시는 것입니다. 그러니 우리 어찌 주님을 찬송하지 않을 수 있을까요?

# 주님의 보혈의 사랑

주님께서 십자가 위에서 몸 버려 피 흘리셨네.
주님이 누구인지 알지 못하고
조롱하고 핍박하던 사람들을
주님께서 오히려 그들을 불쌍히 여기셨네.

주님께서 십자가 위에서 몸 버려 피 흘리시며,
고난을 당하시기까지
그 누구에게도 아무런 원망과 불평을 하시지 않으셨으니
오히려 주님을 핍박하는 이들을 불쌍히 여기시었네.

주님께서는 주님을 따르는 우리들에게
우리들이 걸어가야 할 길을 몸소 보이셨지.
온유와 겸손의 십자가를 지고
우리가 걸어가야 할 십자가의 길을.

주님은 십자가에 달리시어,
친히 겸손의 본을 보이셨네.
주님은 그분 자신을 낮추시어,
이 낮고 천한 세상에 오시어,

인간의 몸을 입으시고
친히 십자가에 달리셨지.

그리고 십자가 위에서
물과 피를 흘리시며 운명하셨네.
사흘 만에 부활하시기까지
그분은 무덤 속에 계시었네.

주님은 십자가 위에서 운명하시기까지
그분 스스로 걸어가야 할 길을
그분이 걸어가야 할
십자가의 고난의 길을
친히 먼저 아시고 계시었지.

주님께서 우리의 친구가 되시는 이유.
그것은 바로 주님께서 우리를 위하여
십자가 위에서 친히 고난받으셨기 때문.
친구인 우리들을 구원하시기 위하여
십자가 위에서 대속의 죽음을 당하셨기 때문.
우리를 위하여 친히 그분의 생명을 내어 주셨기 때문.

주님께서 친히 십자가 지시었네.

두 손과 발, 십자가에 못 박히었고.

그분의 살과 몸은 희생 제물이 되시어

십자가 위에서 창에 찢기셨네. 보배 피를 흘리셨네.

그리고 십자가 위에서 우리를 대신하여 운명하셨네.


주님의 십자가의 사랑!

그분의 몸을 친히 내어주시어

십자가 위에서 물과 피를 쏟으셨네.

우리 주님의 그 크신 사랑!

우리 어찌 찬양하지 않을 수 있으리.

주님께서 말없이 십자가 지시고,

십자가 위에서 고난당하셨으니.

우리를 구속하기 위해 목숨까지 내어주신 주님의 사랑!

우리 어찌 소리 높이 외쳐 부르지 않을 수 있으리.


주님! 이 작은 입술이 주님의 이름을 높이 불러

주님께 영광과 찬송을 올리옵니다.

주님! 찬미 받으소서.

주님! 주님만이 홀로 영광 받으소서.

# 주님의 보혈로 나음 받았네

주님의 보혈로 내 모든 상처가 씻김 받았네.
주님의 보혈로 나는 나음 받았네.
대속의 어린 양이 되신, 우리 주님! 예수 그리스도!
우리 주님께서 흘리신 보배로운 피!
나는 주님의 이름을 높이 부르네.

주님은 영광의 왕! 왕 중의 왕!
위대하신 하나님!
하나님의 외 아드님! 예수 그리스도!
이 낮고 천한 세상에
인간의 몸을 입으시어
우리를 위하여 십자가 위에서
몸 버려 피 흘리시었네.

주님께서 십자가에 달리심은
날 대속하기 위함.
주님께서 십자가에서 피 흘리심은
나를 구속하기 위함.

대속의 어린 양이
십자가 위에서 보배 피 흘리시었네.
이 죄 많은 인간을 구원하기 위하여
그분의 목숨을 내어 주셨네.

주님의 거룩하신 이름,
독생자 예수 그리스도!
주님의 이름을 찬양합니다.
주님께 영광을 돌려,
온 세상에 주님의 이름을 소리 높이 외칩니다.
주님! 영광 받으소서.
주님! 홀로 영광 받으소서.
주님의 거룩하신 이름!
온 땅에 울려 퍼지도록 허락하옵소서.

주님만이 우리의 주 하나님이시니
우리를 죽음에서 구원하신 주님이시니
저희들이 영광의 주님의 이름을 소리 높이 외쳐 부릅니다.
주님의 거룩하신 이름을 높이 불러
주님께 영광과 찬미드립니다.

# 주님의 보혈은

주님의 보혈은 흠과 티가 없네.
하나님의 외 아드님이 이 세상에 오시어
사람의 몸을 입으시고 십자가에 달리시어
몸 버려 피 흘리시었네.

주님의 사랑은 우리 인간을 위한 끝없는 사랑.
그 사랑 크고도 놀라와 인간을 위한
그 사랑 끝이 없으시니
주님께서 이 세상에 오시어
우리를 위하여 속죄의 피 흘리셨네.
주님의 보혈은 흠과 티가 없네.

주님의 보혈은 우리의 죄를 대속하신 구속의 사랑.
주님께서 그분의 몸을 우리를 위해 내어 주셨네.
주님께서 십자가에 달리시어
살을 찢기시고 보혈을 흘리셨으니
주님의 보혈은 그분의 대속하신 사랑.
그분의 목숨을 인간을 위하여 내어 주셨으니

주님의 보혈로 우리가 나음을 입었고,
우리의 영혼이 죄 씻음을 받으므로
눈과 같이 희게 되어
주님 앞에 나아갑니다.

주님! 주님의 보배로운 피를 흘리심으로
저희들을 구속하시까지 사랑하시니
주님! 주님의 거룩하신 그 사랑을
저희들이 소리 높이 찬미합니다.
저희들이 살아가는 이 세상의 길에서
주님의 이름을 높이 불러
주님께 영광과 찬송을 돌립니다.
주님! 저희들이 드리는 찬미 받으소서.

주님! 주님의 이름을 온 땅에 전하렵니다.
우리를 구속하신 주님의 이름!
온 땅에 높아지소서.
주님! 주님만이 홀로 영광 받으소서.

# 예수님의 피로 구속받은 나

주님께서 십자가에 달리셨네.
머리에는 가시관을 쓰시고,
온몸은 채찍에 맞아 선혈이 흐르니
주님께서 피 흘리시며, 십자가에 달리셨네.
주님의 손과 발에는 못이 박히었고,
주님의 옆구리는 창에 찔리시어 물과 피를 쏟으셨네.

하나님의 외 아드님이신 예수 그리스도!
인간의 몸을 입으시고, 이 세상에 오시어
낮고 천한 인간의 자리, 이 세상에 친히 오시어
인간이 되시어 십자가에 몸 버려 피 흘리셨네.

주님의 보혈은 날 위하여 흘리신 대속의 피.
죄로 죽을 수밖에 없는 날 위하여
주님께서 친히 십자가 위에서 운명하셨네.
주님께서 보혈을 흘리심으로
내가 나음을 입었고, 내가 죄에서 구속함 받았으니
죄악으로 죽을 수밖에 없는 내가
주님의 보배로운 피로 구속함을 입게 되었네.

주님의 흘리신 보배로운 피가 아니면,

나는 죽을 수밖에 없고

주님이 흘리신 보배로운 피가 아니면,

나는 주님을 뵈올 수 없네.

이 보잘 것 없는 날 위하여

주님께서 십자가 위에서 보배로운 피 흘리셨네.

주님께서 인간의 몸을 입으시고

친히 어린 양 희생 제물이 되시어

인간의 죄와 죽음을 대속하기 위하여

주님께서 십자가 위에서 고난당하셨네.


주님! 주님의 이름을 찬송합니다.

주님의 이름을 소리 높이 외쳐

주님께 영광과 찬송을 돌립니다.

우리를 구원하신 그 이름! 속죄양 예수 그리스도!

우리 주님은 예수 그리스도! 나의 구세주!

거룩하시고도 위대하신 주님의 이름을

소리 높여 찬송합니다.

주님! 주님께 영광과 찬미드립니다.

# 주님의 십자가 보혈로

주님! 주님의 십자가의 보혈로 저를 씻기소서.
주님! 제가 주님께 간구합니다.
제 인생을 인도하시고 저를 구원하시는 주님!
제가 주님께 간구하며 간구하오니
위대하신 주님! 저를 십자가의 보혈로 씻기시어
저를 주님의 길로 인도하소서.

제 인생은 주님을 깨닫지 못해
제가 저의 지은 죄악으로 고통스러워하오니
주님! 저를 불쌍히 여기소서.
주님! 온 세상 가득히
주님의 불 말과 병거로 저를 둘러치시어
제가 이 세상의 죄악에 더 이상 빠지지 않도록
주님! 저를 보호하소서.

주님! 제가 주님 앞에 겸손하게 엎드리오니
저의 인생은 하나님의 것이요, 저의 인생은 주님의 것이니
주님이시여! 주님의 십자가의 사랑! 제게 베푸소서.
그리하여 저의 인생이 위대하신 주님을 찬송케 하소서.

주님! 저는 주님의 것이며,

제가 주님을 사모하며 사랑하오니

주님의 십자가의 보혈로 저의 죄악을 씻기시고

주님께 더 이상 죄짓지 않으며,

주님의 영광만을 제가 찬미케 하소서.


주님! 제 인생은 오직 주님의 것이오니

주님! 제가 주님을 사랑하며

주님의 위대하심만을 찬미하렵니다.

주님! 주님의 그 거룩하신 사랑이

온 땅에 가득하오니

주님! 주님의 그 사랑을 찬미하며,

영원히 또 노래하렵니다.


주님께서 저를 위해 흘리신

그 보혈의 피가 제게 흐르오니

주님! 제가 주님의 이름을 높이 불러

주님의 그 크신 영광을 찬미하며,

이웃에게 또 전하렵니다.

# 예수님의 피의 힘

예수님의 피는 악한 세력을 물리칠 힘이 있네.

능력이 있네. 권세가 있네.

예수님의 피는 순결의 피, 예수님의 피는 정결의 피

주님의 보혈은 흠과 티가 없이 보배로우신 피.

주님의 보혈로 우리의 죄악을 대속하셨네

우리의 생명을 구원하셨네.


우리가 구원을 얻는 것은 주님의 피의 능력 때문

주님의 보배로운 피는 우리를 구원할 힘이 있네.

우리를 죄에서 구원했네. 죽음에서 구원했네.

주님의 보배로운 피, 대속의 사랑

주님의 위대하신 사랑을 증거하며 찬양하세.


주님의 보혈, 주님의 은혜.

그것은 주님의 보배로운 피 흘리신

주님의 대속의 구원의 은혜.

주님께서 우리를 죄와 죽음에서 구원하셨네.

우리가 영생을 얻게 되었네.

주님께서 십자가 위에서 희생하신 대속의 은혜로

우리가 나음을 입게 되었네
죄와 죽음에서 구속함을 입게 되었네.
나는 주님을 사랑하네. 나를 구속하신 주님을.
나는 주님을 찬양하네. 나를 구원하신 주님을.
주님! 찬미 받으소서. 주님! 영광 받으소서.
주님! 저희들이 주님의 위대하신 이름을 찬송합니다.


주님의 십자가의 보혈 흘리심!
흠 없고, 죄 없는 어린 양, 희생 제물이 되시어
우리를 죽음에서 구원하심!
주님의 그 위대하신 사랑을
주님의 그 거룩하신 이름을
내 부족한 입술로 늘 찬미합니다.

# 예수님의 보혈

예수님의 보혈! 능력이 있네.

우리 주님의 보혈! 우리를 구원했네.

주님! 저희들이 주님의 그 사랑을 찬미합니다.

죄악 때문에 죽을 수밖에 없는 저희들을

주님의 보혈의 피로써 구속하여주시니 감사합니다.


아무 흠과 티가 없으신 속죄의 어린 양 예수!

주님의 보혈! 주님께서 흘리신 보배로운 피!

주님께서 십자가 위에서 흘리신 보배로운 피로

우리가 죄에서 놓여남을 입게 되었네.

죄악에서 구속함을 얻게 되었네.

죄로부터 자유를 얻게 되었네.


주님! 저의 믿음 없음을 용서하소서.

주님께서 저를 사랑하시어

주님의 그 크신 사랑과 희생을 알게 하셨으니

주님! 주님을 찬미합니다.

주님! 제가 주님의 이름을 늘 노래 부릅니다.

주님! 제가 신실하신 우리 주님을 의지하오니
주님에 대한 저의 죄악 때문에
주님께서 십자가 위에서 희생을 당하셨으니
주님! 제가 주님을 사랑합니다.

주님! 주님께서 베푸시는 은혜를 간절히 간구하오니
주님! 제 인생이 주님을 사랑하며 살게 되기를
주님 앞에 두 손 모아 간절히 기도드립니다.
주님! 주님과 천국에서 영원히 함께 살게 되기를
내 작은 입술이 주님께 간절히 간구합니다.

# 주님께서 피 흘리시어 죽으심은

주님께서 흘리신 피는 나를 구속하기 위함이요
주님께 십자가 위에서 죽임을 당하심은
나를 대속하기 위함이요.

주님의 십자가 위에서 피 흘리시며 죽으심은
주님께서 나를 구원하시기 위함.
나를 주님의 길에 두시기 위함.
주님께서 십자가 위에서 피 흘리시고 희생하시어
운명하신 후, 다시 살아나심은
나를 죽음에서 구원하시어
영원한 주님의 나라에 두시기 위함.

주님이시여! 저를 용서하소서.
이 죄 많은 인간을 용서하시고 받으시어
저를 주님의 품에 두소서.
저의 길, 온전히 주님 앞에 있음은
주님께서 저를 인도하심 때문이오니
주님! 주님께서 저를 받으소서. 저를 구원하소서.

주님께서 십자가 위에서 피 흘리시어

저희들을 대속하셨음은

주님! 주님께서 저희들을 주님의 품에 영영히 두시고자 함이니

주님! 주님께서 십자가 위에서 흘리신 보배로운 피로

저희들을 구원하소서. 저희들의 죄악을 맑게 씻기소서.


제 인생이 주님께서 십자가 위에서 피 흘리신

주님의 대속하신 그 크신 사랑을 찬미하오니

저의 인생길! 오직 주님의 길 가운데 있게 하소서.

주님! 저를 주님의 길로 인도하소서.

주님! 제가 주님을 따르기를 원하오니

주님이시여! 제 입술에

주님을 향한 찬송만이 넘쳐나게 하소서.

주님을 향한 찬송이 흘러넘치게 하소서.

# 주님의 피 흘리심은

주님의 피 흘리심은
나의 죄를 깨끗게 하시려는
주님의 희생.
주님의 피 흘리심은
죄로 죽을 수밖에 없는 저희들을
죄와 죽음에서 건져내시기 위함.
주님의 피 흘리심으로 저는 주님의 소망을 깨달아
온전히 주님의 십자가의 길을 걷게 됩니다.

거룩하시고도 위대하신 주님! 저를 받으소서.
저는 저의 죄악으로 더러워졌으니
저는 추하고, 한심하며 부끄럽고, 또한 죄스러워
주님 발 앞에 무릎을 꿇을 수조차 없습니다.

주님! 제가 주님께 부르짖어
주님의 뜻을 구하옵고 또 구하오니
주님이시여! 저를 인도하소서.
주님! 저와 함께 하옵소서 .

이 불쌍하고 부끄러운 죄인이

주님의 얼굴을 찾아

이 죄악 된 몸을 주님 앞에 드리고자

길을 찾아 헤매어 헤매어 주님께 나왔사오니

주님! 이 죄인을 굽어 살피소서.

주님! 이 죄인을 주님의 십자가의 보혈로 덮으소서.


주님! 저는 부끄럽기 그지없사오니

주님! 주님의 저를 위한 보배로운 피 흘리신 사랑을

제가 주님께 간구합니다.

주님! 저를 주님의 보혈로 덮으소서.

주님! 제가 주님을 사랑하오니

주님! 주님께서 걸어가신 십자가의 길에 저를 세우소서.

# 주님의 보배로운 피

주님께서는 그분 자신의 몸을
우리 인간을 위하여
영원히 단 한 번에 하나님께 제물로 드리셨네.
그분의 낮아지심으로
더러운 죄악 가운데 있는
저희들을 위하여 희생하심으로
이 죄인이 주님의 보혈로 나음을 입었으니
주님! 우리 주님의 그 크신 사랑을 제가 찬미합니다.

주님! 저희들의 죄악을 용서하옵소서.
주님! 저와 함께 하옵소서.
주님은 위대하신 하나님이시오니
저희들이 영광스런 주님의 이름을 찬미합니다.
이 부끄러운 죄인이 주님 앞에 엎드려
주님께 영광과 찬송을 올립니다.

주님! 보옵소서.
주님은 위대하신 하나님이시오니
이 죄인이 주님을 찬미합니다.

십자가에 못 박혀 피 흘리시며 희생 제물이 되신

주님의 그 크신 사랑을 제가 찬미합니다.

주님의 보배로운 피를 제단에 뿌리심으로

저희들이 죄악에서 구속함을 입었으니,

주님! 주님의 위대하신 이름을 저희들이 찬미합니다.

주님! 저희가 영광의 주님을 뵈옵게 되기를 간구하오니

주님! 제 인생이 주님의 희생과

주님의 그 크신 영광을 찬송합니다.


주님! 주님께서 보배로우신 피를 흘리심으로

제 인생이 나음을 입게 되었으니,

제 영혼이 죄에서 구속함을 입게 되었으니

주님! 주님의 그 거룩하시고도 위대하신 이름을 찬미합니다.


주님! 주님의 보배로우신 피 흘리심을

내 작은 입술로 찬송합니다.

거룩하신 주 하나님의 자비로우시고 인애하심을

내 작은 입술로 늘 찬미합니다.

# 주님의 보혈로 씻기소서

주님! 주님께서 십자가 위에서 흘리신 피는
나의 죄를 씻기시는
주님의 거룩하시고도 보배로운 피.
주님의 보혈로 저를 씻기소서.


이 죄인이 주님의 발아래 엎드립니다.
주님! 주님의 십자가의 보혈로 저를 씻기소서.
저는 더럽고 추하여 주님께 나아갈 수조차 없사오니
주님! 주님의 보혈로 저의 죄악을 씻기소서.


제 인생의 전부를 주님께 드리오니
주님! 주님을 위하여 저의 인생을 바치오니
주님! 저와 함께 하옵소서.
주님! 저를 받으시옵소서.
주님! 이 죄인이 주님 발 앞에 꿇어 엎드립니다.
주님! 주님의 보혈로 죄 씻음을 받아
주님 앞에 정결한 몸으로 찬미하며 나아가렵니다.
주님! 주님의 보혈로 저를 정결하게 하옵소서.

주님! 이 죄인을 불쌍히 여기소서.

주님! 이 죄악에 빠진 불쌍한 저를 주님의 보혈로 씻기소서.

주님께서 십자가 위에서 피 흘리신

주님의 그 거룩하신 보혈로 저를 청결케 하옵소서.

주님! 주님의 거룩하신 이름을 영영히 찬미하렵니다.


주님! 이 죄인이 거룩하신 주님의 십자가의 보혈로

죄 씻음을 받아 주님께 나아옵니다.

주님! 제가 주님의 성령님의 기름 부음을 받아

주님의 그 거룩하신 부르심을 따라

주님께 나아와 주님의 이름을 찬미합니다.

**66** 내가 진 짐자가, 나의 십자가
　　　주님을 위하여 이 세상의 것, 다 버리는 것. **99**

- 〈내가 진 십자가〉 중에서 -

제6장
십자가의 삶

# 십자가의 삶

이제 내가 사는 것은
내가 내 의지대로 사는 것이 아니요
오직 주님의 사랑과 은혜 안에서 사는 것입니다.
예수님의 십자가, 이제는 저도 지고
주님을 따르며 사는 것입니다.
주님께서 십자가 위에서 피 흘리시어 저를 구속하셨으니
제가 부끄러운 죄악과 허물에서 구속함을 입습니다.

주님! 주님께서 지신 십자가를
이제는 저도 지고 주님을 따르옵니다.
주님! 저희들을 주님의 십자가의 피로 구속하시고
저희들을 주님의 길로 걸어가게 하옵소서.
주남! 주님께서 지신 십자가는
주님의 대속의 죽으심의 확신과 증거이기 때문입니다,

주님! 주님께서 지신 십자가는
주님의 몸과 살을 친히 찢기시며,
저희들을 위하여 주님의 그 보배로운 피 흘리신 십자가.
죽음과 고통의 십자가, 죄와 죽음의 십자가

저희들을 대속하신 사랑의 증거입니다.

주님! 주님께서 십자가 위에서 흘리신 보혈의 죄는

주님의 그 크시고 위대하시며, 거룩하시고도 거룩하신

저희들을 향하신 주님의 그 크신 사랑의 증거입니다.

주님의 십자가는 저희들을 위하여 죽임을 당하신

고난의 표이며, 대속의 죽으심의 참 모습입니다.


주님! 주님을 사모하옵고, 또 사랑합니다.

주님! 저희들을 우리 주 예수 그리스도의 피로 씻으시고,

저희들을 주님의 이름으로 구원하셨으니

주님! 저희들이 저희 자신을 주님께 드리며,

영영히 주님을 찬송합니다.


주님! 저희들이 주님의 영광을 드러내도록

주님! 저희들을 주님의 품으로 인도하소서.

주님! 주님께서 몸 버리시어 그 대속하신 사랑을

주님께서 십자가 위에서 보배로운 피 흘리시어

우리를 구속하신 그 크신 사랑을

저희들이 영원히 세세무궁토록 찬송하며 또 전하게 하옵소서.

# 주님 주신 십자가

왜, 나는 주님께서 가신
이 길 찾고 있니?
그냥 맘 편히
세상을 즐기며 살면 될 것을
왜 풍족한 세상의 생활 버리고
주님의 길 걷고 있니?

참으로 알 수 없는 일이로다.
주님이 걸으셨던 십자가의 길
그 길이 내게 있어, 이 세상 길 버리고
주님을 사랑하며 살게 되는가?

나는 왜 이 길 걷고 있나. 묻고 있네.
주님의 길, 십자가의 길, 고통과 인내의 길
그 길을 나는 지금 일어나 걷고 있으니.
주님의 뜻이라 믿으며. 걸어가고 있네.

오! 주님! 저를 용서하소서.
주님처럼 한 영혼도 사랑할 줄 모르는 제가

주님을 따라 주님의 길 걷고 있습니다.
주님! 저를 불쌍히 여기소서. 주님! 저와 함께하소서.

제가 가는 이 길이
주님께서 저와 함께 하시기를 원하시는 길이오니
주님! 제가 주님을 따르는 길, 이 길이
주님께서 허락하신 십자가의 길 되기를 원합니다.

주님! 제가 주님을 따라
주님의 십자가의 길을 걷기를 원합니다.
주님! 저를 도우소서.
주님! 저와 함께 하옵소서.

주님! 저는 부끄럽기 그지없는 죄인이오니
주님! 저를 주님의 보혈의 피로 씻기시고
주님의 삶으로, 주님의 길로 저를 인도하소서.
주님! 제가 가야 할 길은 주님께 있사오니
또한 주님께서 저를 먼저 아시고 계심을 믿사오니
주님! 주님 가신 십자가의 길 따라
제가 주님을 사랑하며, 제가 늘 걸어가게 하옵소서.

# 내게 주신 주님의 십자가

주님께서 내게 주신 십자가
주님을 따르는 길.
이 세상의 것들, 벗어날 힘과 능력을 길러내는 것
주님께서 내게 주신 십자가.
내가 짊어지고 걸어가야 하는 길.
주님께서 날 인도하시니
주님께서 내게 주신 십자가 지고
주님께서 가신 그 길을 따라
주님께로 달려갑니다.


주님께서 내게 주신 십자가
세상 사람들로부터 손가락질받는 것.
주님이 계심을 믿는다고 조롱받는 것.
주님 때문에 이 세상의 버려야 할 것을 버리는 것.
주님이 계신 몸 된 교회에 나간다고 조롱당하는 것.
주님의 몸 된 교회에 나가지 말라고 희롱당하는 것.
이런 것들은 제게 유혹일 뿐
주님께서 지신 골고다 언덕 십자가에 비하면
그 아무것도 아닙니다.

주님께서 내게 주신 십자가

주님을 따르는 길.

주님처럼 온유와 겸손의 멍에와 짐을 지고

주님께서 걸어가신 십자가의 길을 따라 걸어가는 것.

그렇게 주님의 길을 걸어야만 합니다.

이 세상의 유혹들은 아무것도 아닙니다.

주님을 따라 걷는 길.

주님께 당하신 고난에 비하면 아무것도 아닙니다.

주님을 따라야 합니다. 주님을 따라가야만 합니다.


주님께서 내게 주신 십자가

주님처럼 살아야만 합니다.

그렇습니다. 이 세상의 것들 버리고

오로지 주님만을 바라보며 십자가의 길 걸어가야 합니다.

세상의 고난과 세상의 쓸데없는 모든 것들 버리고

오직 주님만을 좇아가야만 합니다.

주님만이 저의 참 하나님이심을 깨달아

주님만을 사모하며, 주님만을 바라보아야만 합니다.


주님! 제가 주님의 길 따르게 하소서.

고통과 슬픔의 십자가 지고

주님의 사랑하는 양떼들! 주님께서 찾으심을 알아

목자 되신 주님의 음성을 기다리는 이들에게 가게 하소서.

주님! 제가 그들에게 가야합니다.

주님! 그들과 함께 해야 합니다.

주님! 저를 보내소서. 저를 인도하소서.

주님께서 사랑하시는 주님의 백성들과 함께

주님께 나아가 주님께 경배하게 하소서.


주님! 제가 주님을 사랑하는 길로 걸어가게 하소서.

주님의 십자가 지고, 주님만을 찾게 하소서.

주님만이 사랑이시오니,

주님께서 걸어가신 그 십자가의 길을 따라

말없이 주님의 십자가 지고, 주님의 길을 따르렵니다.

주님! 저를 인도하소서.


주님! 제가 주님께 나아가게 하소서.

주님! 제가 주님을 사랑하게 하소서.

주님! 우리 모두 주님을 사랑하며 사모하며 노래하렵니다.

주님! 우리 주님을 사랑하며 살아가려 합니다.

주님! 저와 함께하소서. 제가 주님을 전하게 하소서.

주님! 그리하여 우리 모두 주님을 따를 수 있게 하소서.

# 주님의 십자가의 길 사모합니다

주님! 주님의 십자가의 길 사모합니다.

주님이 가신 길은 고난의 길, 슬픔의 길

주님이 걸으셨던 길은 골고다의 언덕길

주님이 가신 길은 십자가의 죽음의 길

주님! 제가 주님께 기도합니다.

주님! 주님께서 지신 십자가를

제가 짊어지고 갈 수 있게 되기를 기도합니다.

제 인생의 전부를 주님께 드려

주님을 위한 제 인생을 살게 되기를 간구합니다.


주님! 주님의 십자가는 온유와 겸손

제가 주님과 함께 지고 걸어가야 할 십자가는

제가 주님과 함께 걸어가야 할 저의 인생길이오니

주님! 주님이시여! 저의 가는 길, 늘 함께하소서.

제가 주님의 십자가를 사모하오니

제 영혼이 주님의 온유와 겸손을 본받아

주님만을 섬기며, 주님만을 사랑하게 하옵소서.

주님! 주님의 십자가를 저도 지게 하옵소서.

제 인생이, 오직 주님! 한분뿐임을 깨달아 알게 하소서.

# 저의 십자가의 길은 무엇입니까?

주님! 제가 걷는 십자가의 길은 무엇입니까?
우리는 주님이 걸어가신 십자가의 길
그 길을 걸어야한다고 말하는데
주님께서 저희들에게 주신 십자가는 무엇입니까?
주님께서 우리에게 주신 십자가라 함은
이 세상으로부터 버림받는 것.
가장 가까운 제자들에게까지도 버림당하는 것.
주님께서 이 세상에서 저희들과 똑 같이 겪은
이 세상으로부터 버림받은 그것이 아닙니까?


주님! 주님의 십자가로 제가 구원을 얻고
이 세상으로부터 얻은 상처가 나음을 입습니다.
주님! 제가 주님과 똑 같이
이 세상으로부터 경계를 받아
상처 입은 몸으로 주님을 따르며 또 의지하오니
주님! 저의 길이 오직 주님께 있음을 깨달아 알게 됩니다.


주님! 저의 십자가의 길은 이 세상으로부터의 분리.
주님만을 따르며, 주님만을 섬기는 그것 아닙니까?

주님! 저를 인도하소서.

주님! 제가 이 세상에서 저에게 주어진

저만의 십자가를 지고 주님을 따르옵니다.

주님께서 걸으셨던 십자가의 길처럼

저희들이 이 세상으로부터 버림을 받아 부끄러움을 당해도

기도와 찬송으로 주님을 섬기며

오로지 주님의 길을 따라, 저의 길을 나섭니다.

이 세상이 아닌, 주님께서 가르치신 그리스도의 삶으로

주님만을 섬기며, 주님만을 즐거워하며, 주님만을 사랑하여

제가 오직 주님 안에서 살아갑니다.


주님의 십자가의 길은 이 세상을 버리는 것.

권력과 지위와 명예와 세상의 재물과 돈도 버리고,

오직 주님께서 주신 계명을 따라

주님의 말씀을 의지하며 사는 것.

그 일조차 저희들에게 부족하여

저희들이 영광스런 주님의 얼굴을 찾고 또 찾습니다.

주님! 주님의 이름으로 오시는 성령님이시여!

저희들과 함께 하시어 주님의 능력을 이 세상에 보이시니

주님! 제가 주님을 사모하며, 또 주님을 사랑합니다.

주님! 저를 인도하옵소서.

저의 인생이 오로지 주님의 이름만을 부르게 하옵소서.

저에게서 주님의 거룩한 것들을 모으시고 취하시어

주님의 곳간에 들이어 채우소서.

주님! 제가 주님을 사랑합니다.

주님! 제가 주님을 의지합니다.


주님! 주님을 따르는 십자가의 길은

우리의 생명을 주님을 위해 바치는 길.

주님! 제가 지금까지 이 세상을 즐거워하고

이 세상을 기뻐하며 살았사오니

그러나 이제 주님! 제가 주님의 십자가를 뵈옵니다.

이 세상의 쾌락, 이 세상에서의 성공,

이 세상에서의 자랑, 이 세상의 부끄러운 것들.

주님! 제가 분토와 같이 버리며, 주님을 따르옵니다 .


주님! 제가 주님만을 따르기를 원하옵니다.

주님! 주님을 따르며, 주님만을 위해 살길 원합니다.

주님! 주님께서 원하시는 십자가, 주님께서 걸어가신 십자가

이제는 저도 지고, 주님을 길 따르며

저의 인생 길! 오직 주님을 위하여 살아가기를 간구합니다.

# 나의 인생

나의 십자가는 무엇입니까?
나의 십자가는 주님을 바라보며
주님을 향해 나아가는 것.

나의 인생은 무엇입니까?
나의 인생은 주님의 십자가 짊어지고,
주님을 향해 달려가는 것.

이 세상의 유일한 구원이시며,
우리의 유일한 소망이신
우리 주님만이 나의 구원자,
나를 구속하신 주님! 나의 구세주이시니

주님께서 주신 저의 십자가 지고
주님을 따르옵니다.
이것이 저의 삶의 이유입니다.
이것이 이 세상에서 저의 삶의 빛이요, 희망이며
저의 인생의 유일한 목적입니다.

# 내가 진 십자가

내가 진 집사가, 나의 십자가
주님을 위하여 이 세상의 것, 다 버리는 것
세월이 지나면 지날수록 더욱 어려운 길.
주님을 위하여 산다고 하면서도
주님을 위하여 살지 못하는 길.
나의 십자가는 이것, 이 세상의 것 다 버리는 것.
이생의 자랑, 명예, 지위, 돈
때가 되면 지나고 마는 것들, 별 볼 일 없는 하찮은 것들
이 세상에서 사랑하고 자랑하는 것들, 다 걷어내는 것.


주님! 제가 깨닫게 하소서.
제가 주님의 십자가 지고, 주님을 따르지 못하고 있음을.
주님의 십자가의 완성은 사랑.
저도 주님의 길, 사랑의 길 걷게 하소서.
주님께서 받으셨던, 세 가지 시험
먹을 것, 입을 것, 명예와 돈, 목숨, 이런 것들이
저에게는 아직도 유혹의 시험으로 남아
저를 괴롭히고 또 괴롭힙니다.

주님! 그 어느 것도

저는 아직 한 번도 물리치지 못하였습니다.

주님! 제 의지가 약한 걸요.

주님! 이것을 저의 십자가라 할 수 있겠습니까?

이 부끄러운 죄의 길, 세상의 쾌락에 빠진 저를 두고,

제가 주님의 십자가를 지고 있다고

제가 감히 주님 앞에 말씀드릴 수 있겠습니까?


주님! 저의 부끄러운 얼굴로, 감히 주님 앞에 아뢰옵니다.

제가 주님의 길 걷지 못해

주님의 사랑의 길, 제가 따르지 못해

이 세상에 빠져, 늘 주님을 배반하며,

저의 부끄러운 모습으로

부끄러이 주님께 아뢰며, 또 아뢰옵니다.


주님! 저와 함께하소서. 저를 불쌍히 여기소서.

주님! 제가 주님과 함께 있도록

주님! 이 세상에서 저를 건지소서.

주님! 제가 주님의 영광을 찬미케 하옵소서.

주님! 저와 함께 하옵소서. 저를 이끄소서.

# 우리의 십자가

주님! 저희들이 주님께로 지고 가야 할
십자가는 그 무엇입니까?
이 세상으로부터의 자유,
오직 주님께만 매여 있어야 하는
주님의 그 거룩한 종이 되는 것이 아닙니까?

주님! 이 세상에 빠진
저희들은 부끄럽고 또 부끄러워
이 세상의 때 묻고, 더럽고 추하며,
죄악으로 얼룩지며,
죄악으로 어두워지고 더러워진 저희들의 몸을
온전히 주님께 맡기며, 주님께 나아갑니다.

주님! 저희들을 받으소서.
저희들이 지고 가야 하는 십자가를
저희들이 품게 하시고
주님을 사랑하는 저희들!
주님의 십자가의 품으로 인도하소서.

주님께서 저희들에게 가르치신 십자가는 온유와 겸손
주님의 멍에는 메기 쉽고, 주님의 짐은 가벼우니,
주님께서 저희들에게 주신 저희들의 십자가를 지고
주님을 따르옵니다.
주님께서 가르치신 사랑의 십자가 지고
주님을 향해 달려갑니다.


주님께서 지신 십자가,
온 인류를 위해 희생 제물이 되신
주님께서 걸어가신 주님의 십자가의 길로
저희들이 주님의 이름을 부르며 달려갑니다.
주님! 저희들을 받으소서.


주님! 저희들이 주님의 십자가 지고 주님을 따르오니
주님이시여! 저희들의 영혼! 주님께서 친히 받으시옵소서.
주님! 주님께서 저희들에게 가르치신 온유와 겸손
주님께서 저희들에게 가르치신 주님의 그 십자가의 길 따라
저희들이 주님의 사랑의 길 걸어가옵니다.
저희들이 사랑의 주님을 향해 달려갑니다.

# 나의 십자가

나의 십자가는 무엇일까요.

제게 주어진 십자가는 무엇일까요.

주님 앞에 곰곰이 생각해 봅니다.

주님을 향한 열정과 주님을 위한 삶을

그렇게 살아가기로 다짐하며 살던 제가,

주님께서 날 위해 피 흘리셨다는 사실, 그 사실을

제가 잊고 살아가는 것이

제게 가장 큰 근심과 걱정이 됩니다.

온 세상 사람들은 세상의 일들로 바쁘지만,

저는 주님께 나아가야 하는 저 자신의 믿음의 문제들로

저의 생각이 바쁘고 또 바쁘옵니다.


주님을 사모하며 산다고 하는 나는

저를 어루만지시며, 저를 다정히 부르시며

피 묻으신 손을 내미시는 주님을 잊고 서서,

이 세상의 두려움에 떨며,

주님을 사모하며 사는 그 기쁨 속에 저를 차마 두지 못합니다.

주님! 저를 보옵소서. 저를 기억하옵소서.

이 나약한 제가 지고가는 저의 십자가를 보옵소서.

제가 주님을 따르지 못하는 이유

세상의 갖가지 유혹들. 명예들, 지위들, 권세들, 재물들.

이 모든 것을 버리고 주님을 따르기를 원합니다.

주님! 제가 사랑하며, 심취했던 세상의 것들을 버리고,

주님을 따라 걸어야 하는 골고다 언덕길을 걷게 하소서.

주님! 제가 주님을 따르지 못하고 못내 머뭇거리오니

주님! 저를 불쌍히 여기시고 저를 붙드소서.


저도 여느 사람과 같은 것을

저도 다른 여느 사람과 별반 차이가 없는 것을

주님! 부끄러운 걸음으로

주님께 나아가 주님의 얼굴을 뵈옵니다.

주님! 저를 용서하소서.

주님! 저의 길 인도하소서.

제가 밤새도록 주님께 매어달려 주님께 간구합니다.

저의 부끄러운 이 세상의 것들을 버리기 원하오니

주님이시여! 미혹하는 영을 제게서 멀리 쫓아내시어

저를 주님의 품으로 인도하소서.

주님! 제가 주님을 사랑하며 살기를 원하옵니다. 주님!

# 주님의 십자가 앞에 제가 섰사오니

주님! 제 부끄러운 몸을
주님 앞에 놓입니다.
주님! 추하고 더러운 제가
주님 앞에 나아와
제 부끄러운 몸을 주님 앞에 누입니다.

주님! 저를 받으소서.
주님! 저에게는 주님의 십자가,
주님의 보혈의 피 밖에는 없사오니
주님! 제가 부족한 이 몸을
주님의 십자가 앞에 내어놓습니다.
주님! 저를 온전히 주님의 길로 인도하소서.

수많은 사람들이 저를 찾아와
세상의 길로 저를 유혹하지만
주님께서는 주님의 계획과 뜻으로
부족한 저를 주님께서 받으시어
저를 오직 주님께로 이끄심을 믿습니다.

주님! 저는 부족합니다. 저는 나약합니다.

주님! 저는 죄인입니다.

주님의 십자가 앞에 저를 내어놓습니다.

주님께서 저를 위해 십자가 위에서 피 흘리셨으니.

주님께서 가시관과 전갈 채찍에

주님의 몸을 찢기시고,

온몸의 물과 피를 쏟으셨으니.


주님! 제가 주님의 길을 걸어갑니다.

이 세상의 것을 버리고

주님을 따라, 십자가의 길을 따라

주님을 향해 달려갑니다.


주님! 저는 부끄럽기 그지없습니다.

오만하고, 넘치는 자랑으로 부끄럽기 그지없는 제게

주님께서 다가오셔서 제게 말씀하시니

주님! 제 모든 부끄러운 죄악들을, 이 세상의 자랑들을

주님! 주님 앞에 모두 내어놓습니다.

주님! 저와 함께 하옵소서.

주님! 저를 주님의 길로 인도하옵소서.

십자가 위에서 피 흘리시며, 고난당하신 주님!
주님께서 가시관과 고난의 채찍을 받으시며,
이 세상으로부터 멸시와 천대와 버림을 받은
주님을 가장 사랑한다는 이들로부터 버림받은
주님의 그 모습을 제가 사랑합니다.

주님의 그 사랑이 그리워
주님의 십자가 앞에
제 부끄러운 몸을 내어놓사오니
주님! 저를 불쌍히 여기소서.
주님! 저와 함께 하옵소서.
주님! 저를 주님의 길로 인도하옵소서.

# 주님의 십자가 나도 지고

주님! 제가 지금 오늘 당장
주님의 십자가 지고 주님을 따르려 하오니
주님! 저의 사역지를 결정하소서.
저를 주님의 품으로 인도하소서.
제가 주님 앞에 엎드리어
저의 인생길을 주님께 의탁하오니
주님이시여! 저를 보옵소서.
저를 불쌍히 여기소서.


주님! 저도 주님의 십자가 지고,
제가 주님을 따르길 원하오니
오직 주님의 복음의 빛만 들고,
제가 주님께 나가길 원합니다.
제가 의지하던 세상이 저를 미혹하여
죄악의 나락으로 제가 치닫게 되어
설령 제가 주님을 뵈옵지 못하고,
주님 앞에 부끄러이 죄악 된 모습으로 흐트러지더라도
주님! 주님께서 저를 보호하시며,
주님께서 저와 함께하소서

제 인생의 길, 주님께서 인도하소서.

주님! 저는 죄인이오니,

주님! 저를 불쌍히 여기시며, 저를 붙드소서.

주님! 제가 주님 앞에 나아와 주님께 아뢰옵니다.

주님! 저를 보호하소서.

주님! 제가 제 가슴이 떨리며,

제 심장이 요동하며, 고통하는 것은

제가 주님을 신뢰하는 믿음에서 벗어나

이 세상의 하잘 것 없는

돈과 재물에

제 욕망을 끊임없이 분출하고 있기 때문입니다.


주님! 세상 사람들처럼

이 세상의 죄악으로

저의 영혼이 얼룩지지 않게 하시어

제가 겸손하게 제 자신을 돌아보며,

주님만을 사랑하게 하소서.

주님을 사랑하며, 주님만을 위해 살게 하소서.

주님! 저는 부끄럽고, 또 부끄럽기 그지없사오니

주님! 저를 불쌍히 여기시어, 저를 받으소서.

주님! 주님께서 저를 주님의 길로 인도하소서.

주님! 제가 이 세상의 유혹에 빠져
주님께 범죄하므로
저의 가슴이 찢어질 듯 터져, 또 고통스러우니
주님! 이제는 제가 주님의 십자가만 바라보며,
주님의 십자가 지고, 주님만을 따르게 하소서.

제가 살아가는 기쁨이
제가 걸어가는 기쁨이
오직 주님의 손길 가운데 있게 하소서.
주님! 주님 외에는 제게 도움이 될
그 어느 것도, 이 세상의 그 아무것도 없사오니
주님이시여! 제게 임하시어, 저를 보호하소서.

주님! 저를 불쌍히 여기소서.
제가 오직 주님을 사랑하는 법을 배워
주님의 십자가 지고, 주님만을 따르게 하소서.
주님의 복음만을 위하여 살게 하소서.
주님! 주님의 복음을 위하여 살아가는 그 기쁨이
제게 늘 있게 하소서.
주님! 주님을 따르는 그 즐거움이
늘 제게 있게 하옵소서.

# 주님의 십자가와 재물

아버지 하나님! 제가 이해할 수 없는 일들이 있습니다.
주님의 십자가를 이 세상의 돈의 문제와 비교하여
바라볼 수 있는 것이 아니지 않습니까?
또 비교하여서도 안되는 일이 아닙니까?
그럼에도 저는 주님의 뜻을 이해하지 못합니다.
두렵고 떨림이 제게 있어,
제가 주님의 십자가를 바라보긴 하지만,
그럼에도 저는 이 세상의 일들로 심신이 나약해져
부끄럽게도 이 세상의 재물의 잣대만을 가지고
주님을 바라보게 됩니다.


주님! 주님의 십자가가 아니면,
저는 결코 일어날 수 없습니다.
주님의 십자가가 아니면,
저는 결코 주님의 길을 걸어갈 수가 없습니다.
주님의 도우심이 아니면,
제가 결코 주님의 십자가를 이해할 수가 없으며
주님의 도우심이 아니시면,
저는 결코 주님께 가까이 나아갈 수가 없습니다.

주님! 저를 불쌍히 여기소서.

이 죄 많은 인간을, 주님이시여! 불쌍히 여기시옵소서.

주님의 십자가를 제가 바라보며,

제 자신의 문제만을 주님 앞에 간구하지 않게 하시고

오직 주님을 위하여 사는 주님을 위한 삶으로의 길을

주님! 제가 주님께 간구하며 살게 하소서.

오직 주님만을 바라보며,

주님만을 위하여 제가 달려가게 하소서.


주님! 저는 알 수 없습니다. 주님의 뜻을.

주님! 저는 알 수 없습니다.

주님께서 저를 인도하시는 주님의 크신 은혜를.

이 세상의 죄악 된 삶의 문제를.

주님 앞에 부끄러운 모습으로 들고 나아와

주님께 간구합니다.

주님! 저의 잘못된 투자를 또 묻곤 합니다.

주님! 저를 용서하소서.

제가 주님께 간구하며 부르짖는 것들을

주님께서 보시며, 채우소서.

주님! 주님의 것들로 제게 베푸시어,

제가 주님의 사랑을 받으며 살아가도록 제게 허락하소서.

주님! 제가 주님께 간구합니다.

주님께서 지신 십자가만이 제 삶의 길이며

제가 걸어가야 할 길이며, 제가 살아가야 할 길이란 것을

주님! 제가 깨달아 알게 됩니다.

주님! 더 이상 이 세상의 더러운 재물의 문제로

이 세상의 부끄러운 치부의 문제로

주님! 제가 주님 앞에 간구하지 않게 하시고,

주님의 십자가의 고통과 주님의 희생을 깨달아

주님만을 위해 헌신을 다짐하는 삶을

제가 주님께 간구하며 살게 하소서.


주님! 저는 죄인입니다.

주님! 저는 주님 앞에 부끄럽기 그지없고

저는 보잘 것 없는 죄인이오니, 주님! 저를 용서하소서.

주님! 저를 주님의 길로 인도하소서.

제가 주님의 삶의 빛가운데 있을 수 있도록

제가 주님과 함께 살아갈 수 있도록

주님! 저를 주님의 품으로 인도하소서.

이 세상의 헛된 재물 때문에 제가 주님을 배반하지 않도록

주님! 저를 도우소서. 주님!

저와 함께 하옵소서. 주님!

# 주님의 십자가를 나도 지려네

오! 자비로우시고 위대하신 주님!

제가 주님께 간절히 기도드립니다.

주님께 나아가 간절히 간구하며 아뢰옵니다.

주님! 저를 버리지 마시고,

주님! 저의 죄악을 용서하시고,

주님! 저와 함께 하옵소서.

제 모든 것을 아시며,

제 모든 것을 이끄시는 주님!

주님! 제가 주님께 간절히 간구하며,

주님께 아뢰옵니다.


주님! 제가 주님을 사랑하는 마음

주님 앞에 간절하오니

제 인생의 모든 것은

온전히 주님의 것이옵니다.

주님! 제가 주님을 사랑하며,

주님을 사모하며 사는 것은

제 인생의 모든 것이

주님의 품안에 있기 때문입니다.

주님! 저를 받으소서.

주님! 저와 함께하소서.

주님! 주님은 위대하신 하나님이시오니

제 인생을 친히 인도하시며,

저를 이끄시는 분이시오니

주님! 주님을 믿으며, 주님을 의지합니다.

주님! 주님의 십자가를 사랑합니다.


주님! 저를 위해 몸 버리시고,

저를 위해 십자가 위에서 고통당하신

주님의 그 고귀하신 희생을, 주님! 제가 기억합니다.

주님! 저를 용서하소서.

주님! 저와 함께하소서.


저 높고 높은 우주의 창공 위에

저희들을 위하여 처소를 예비하셨음에도

저희들은 부끄럽게도 주님의 말씀을 제대로 깨닫지 못합니다.

주님! 저를 불쌍히 여기소서.

이 죄인이 주님의 부르심을 받아

주님을 간절히 사모하오니

주님이시여! 저의 믿음 없음을 용서하소서.

주님! 저희들을 주님의 품으로 인도하소서.

위대하신 주 하나님의 뜻을

저희들에게 보이시고 나타내시어

저희들의 일생이 주님과 함께 있게 하소서.

주님! 제 인생이 주님만을 의지하여

주님만을 사모하며 살아가기를 원하오니

주님! 제가 주님을 향하여 달려갑니다.


주님! 저를 사랑하시고, 용서하소서.

주님! 제가 주님의 십자가지고,

제가 영영 주님을 따르려 하오니,

주님! 저를 받으소서

주님! 주님께서 걸어가신 그 십자가의 희생의 길을

제가 영영히 잊지 않고,

제가 온전히 주님의 그 사랑만을 따르려 하오니

주님이시여! 저와 함께 하옵소서.

주님! 주님께서 십자가 위에서 피 흘리시며,

저희들을 죄악에서 구속하신 그 사랑을 기억하오니

주님! 저도 주님의 십자가 지고

주님의 십자가의 길 따르도록 허락하소서.

# 주님의 십자가를 따라

주님의 십자가를 따라
주님을 향해 달려갑니다.
내 모든 짐 다 내려놓고
내 인생의 여정을
주님께 맡기며 달려갑니다.

주님! 저를 인도하소서.
주님! 십자가의 길로 저를 인도하소서.
주님! 제가 주님께 기도하며 간구하오니
주님! 저를 용서하시고 받으소서.
저를 주님의 길로 이끄소서.

주님! 제가 주님께 간구합니다.
저의 길 주님께서 인도하시어
주님께서 걸어가신 골고다 언덕길,
십자가의 길! 그 길 따라 저도 걷게 하옵소서.

주님! 저의 마음이 주님을 향하오니
주님! 저를 받으시옵소서.

주님! 제가 지금 주님께 나아가지 아니하면
저의 마음이 떨리고 뼈가 마르는 고통으로
견딜 수 없을 것 같사오니
주님! 주님께서 저를 받사옵소서.

주님! 제가 주님의 얼굴 뵈옵지 아니하면
저의 영혼은 온몸이 떨리고
뼈가 부서지는 두려움으로
제가 더 이 이상 견딜 수 없을 것 같사오니
주님이시여! 저를 기억하옵소서.

주님! 제가 주님께 부르짖는 기도소리를 들으시고,
주님께서 저를 보옵소서.
저를 불쌍히 여기소서.
주님! 주님께서 이 불쌍한 죄인을 용서하시고 받으시어
저를 영영한 주님의 길로 인도하소서.

# 십자가 지고 주님을 따르렵니다

내겐 주님께서 주신 십자가가 하나 있네.
나를 평생 괴롭히는,
주님보다 이 세상을 더 사랑한다는 것
주님께서 나에게 주님을 따르라 명령하시지만
저의 걸음은 언제나 고통 속에서
세상의 발걸음을 헤아리며, 주님을 뵈옵니다.

주님! 주님을 따르려는
저희들의 발걸음을 기억하옵소서.
주님! 저를 인도하소서.
주님! 주님만이 저의 하나님이시오니
주님! 저의 길은 주님께 있고
저는 주님을 향해 달려갑니다.

주님! 주님의 그 십자가를
제가 지고 따르렵니다.
주님! 저를 인도하소서.
저의 가는 길은 오직 주님께 있고,
오직 주님께서 예비하신 길이오니

주님! 제가 주님 앞에 엎드리어
부끄러운 저의 죄악을 자복하고 회개합니다.
주님 전에 나아가 저의 무릎을 주님 앞에 꿇습니다.
주님! 저를 용서하옵소서.
이 세상의 죄악에 빠져 허덕이는 저를 불쌍히 여기시고,
저를 용서하시어
저를 주님의 이름으로 구원하소서.


주님! 저를 이 세상의 죄악에서 구원하옵소서.
주님만이 저의 하나님이시오니
주님! 오로지 저를 죄악에서 건져내실 분은
오직 주님 한분뿐이심을 제가 깨달아 알기 때문입니다.
주님! 주님의 십자가를 제가 지고
주님의 길 따르려 하오니
주님! 저를 받으소서.
주님! 주님께서 저를 인도하소서.
주님! 제가 주님만을 위해 살게 하소서.

# 제가 주님의 십자가를 뵈옵니다

주님! 제가 주님을 뵈옵고 싶어
주님을 따르는 길, 보시나요?
주님 제가 끊임없이 길을 달려
주님께로 가고 싶어 하는 것 보시나요?
주님은 저의 하나님이시오니
저를 위해 십자가 위에서 몸 버려 피 흘리시어
저를 구원하셨음을 믿습니다.

주님께서 십자가 위에서 고난을 당하셨고,
죄로 죽을 수밖에 없는 저희들을 위하여
주님께서 친히 십자가 위에서 죽임을 당하셨습니다.

주님께서 피 흘리심은
저희들의 죄를 대속하기 위함이었고,
주님께서 죽으심은
저희들을 죄악에서 건져내시기 위함이었습니다.
주님! 저희들이 주님을 사랑합니다.
주님께서 걸어가신 그 길을
제가 사랑하오니, 주님! 저를 받으소서.

제 가는 인생길, 오직 주님의 것이오며,

제 인생의 모든 것, 모두 주님께 속한 것이오니

주님! 저를 주님의 품에 품으소서.

주님! 저의 더러운 죄악을 주님의 피로 씻기시고,

저의 장래를 주님께서 인도하옵소서.

주님! 저는 주님 없이 살 수 없사오며,

주님 없이는 저의 인생이 아무런 의미가 없사오니

주님! 주님께서 저를 인도하소서.


저의 모든 삶을 주관하시고 인도하시는 주님!

저의 삶의 전부는 오직 주님께 있사오니

주님만이 제 모든 것 되시오니

주님! 주님께서 저를 주님의 품으로 인도하소서.

주님! 제가 주님만을 따를 수 있도록 허락하소서.

# 주님의 십자가 앞에서

주님! 주님의 십자가 앞에서,
제가 주님께 묻습니다.
주님! 제가 주님을 위하여
제가 무엇을 할까요?

제 인생의 모든 것을 아시는 주님!
지금 제가 할 일은
제 모든 것을 주님 앞에 내어놓고
제 인생의 모든 것을
주님께 드리는 일이 아닙니까?

주님! 저의 죄악을 용서하소서.
저의 겸손하지 못함과 교만을 용서하소서.
주님! 저의 모든 것을
주님께서 아시지 않습니까?
제 부끄러운 모습을
주님께서 보시고
주님께서 말씀하시지 않습니까?

주님! 저의 모든 것은 주님의 것이오니
주님을 사랑하는 말로
저의 인생을 주님께 드립니다.
주님은 정말로 위대하신 하나님이시오니
주님께 제 모든 것 드려 주님을 사모하오며,
제 인생의 모든 것을 드려
주님을 의지하며 살아갑니다.

주님! 저와 함께 하옵소서.
제 인생의 모든 것은 주님의 것이오니,
주님! 주님께서 친히 저를 받으소서.
제 부끄럽고 죄악 된 모습을
주님! 주님께서 불쌍히 여기시고,
주님을 사모하는 마음으로
주님의 십자가 지고
주님을 따르게 하소서.

주님! 제가 주님을 사모하게 하소서.
주님! 제가 주님을 의지하게 하소서.
주님! 제가 주님께 간절히 기도드리오니
주님! 저를 받으소서.

# 주님의 십자가를 제가 보옵니다

주님! 제가 주님의 십자가를 보옵니다.
주님께서 걸어가신 골고다 언덕길, 십자가 죽음의 길
이 세상의 그 누구도
주님의 길 따를 수 없었죠.

주님! 주님은 능력이 많으셨고,
하나님의 외 아드님이셨으며,
하나님 자신이셨음에도
우리를 위하여 십자가의 길을 선택하셨습니다.

주님! 저는 알 수 없습니다.
주님! 주님의 뜻을
저는 모두 다 깨달을 수 없습니다. 주님의 은혜를.
주님! 저를 인도하소서.
제 길이 주님께 있음을 보시어
저를 주님의 길로 인도하소서.

주님! 저는 겸손하지 못하고, 자고(自高)하며,
저는 보잘 것 없음에도 능력이 있는 척하여

주님을 뵈옵는 길을 허덕이며 걸어갑니다.

주님! 저는 부족하오며,

저는 부족하며 보잘 것 없사오니

주님! 제가 할 수 있는 일은

오직 주님께 의탁하는 길뿐입니다.


주님! 저를 용서하옵소서.

저는 부족하기 그지없고,

저에게는 죄악의 부끄러움밖에 없사오니

주님의 십자가의 길, 골고다의 길

저도 주님의 십자가 지고

주님이 가신 십자가의 길 따르게 하옵소서.


주님! 저를 인도하소서.

주님! 저의 죄악이 심히 저를 괴롭히오니

주님! 주님께서 저를 불쌍히 여기소서.

주님! 제가 믿음이 부족하여

주님은 저 멀리 계신다고 자꾸 생각하며 살아가오니

주님! 저를 불쌍히 여기시어,

주님! 저를 주님의 품으로 인도하옵소서.

주님! 저는 부족하고도 또 부족하오니

주님! 주님께서 저를 받으시어 주님의 품에 두옵소서.

주님! 제가 울며울며, 주님의 십자가의 길 따르오니

주님! 저를 불쌍히 여기시어,

저의 죄악을 주님의 보혈로 씻기소서.

주님! 주님께서 달리신 십자가를 제가 바라보오니

주님! 저를 불쌍히 여기시며, 저를 거두소서.

# 예수님의 십자가

예수님의 십자가!

이제 제가 지고 가옵니다.

예수님의 십자가!

이제 저도 지고 주님을 따르옵니다.

주님! 저는 주님의 것이오니,

제가 위대하신 주 하나님의 영광을 찬미합니다.

거룩하시고 위대하신 주 하나님이시여!

주님의 십자가 저도 지고, 주님을 따르오니

주님이시여! 주님의 그 높고 위대하심을

제가 두 손 들고 찬미하게 하옵소서.

저의 모든 죄악을

주님의 십자가 앞에 모두 내려놓고

오직 주님의 이름만을 외쳐 부르옵니다.

주님! 저의 인생을 주님 앞에 내어놓사오니.

주님! 주님께서 저를 받으소서.

예수님의 십자가! 눈물과 고난의 십자가!

저도 지고 주님을 따르게 하옵소서.

# 십자가를 지면 마음이 편안해집니다

주님! 주님의 십자가를 바라보면,

주님의 마음을 이해할 수가 있고,

주님의 십자가를 바라보면

주님의 희생과 사랑을 깨달을 수 있게 됩니다.

주님! 주님께서 가신 길은 골고다 언덕길이었고,

눈물 없이는 걸어갈 수 없는 고통의 길이었습니다.


주님! 저는 마음이 부족하여

주님 앞에 부끄러움밖에 없으니

저는 두렵고 떨리는 마음으로 주님의 전에 나아갑니다.

주님! 저는 보잘 것 없는 한심스런 죄인입니다.


주님을 믿는다고 하지만, 어디까지나 가식이고,

주님을 뵈옵는다고 하지만,

제 마음은 항상 이 세상에 빠져 허우적거림을 봅니다.

주님! 저는 작은 일에도 항상 불안해하고,

작은 것에도 주님을 잊고 방황하는

제 부끄러운 모습의 저 자신을 슬퍼합니다.

주님! 저를 인도하옵소서. 저와 함께 하옵소서.

이 부끄러운 죄인이 주님의 그 크신 얼굴을 뵈오니
주님! 이 불쌍한 저를 받으시고, 저를 용서하소서.

주님! 제가 주님의 십자가를 바라보므로
제 마음이 주님의 사랑의 품안에 있기를 간구합니다.
보혈의 피 흘리신 주님의 십자가 앞에
제 마음의 무거운 짐을 모두 내려놓사오니,
주님! 제가 주님께로부터 마음의 평안을 얻습니다.
주님! 제가 주님의 십자가를 바라보므로
제 마음이 참 겸손해지고, 낮아지기 때문입니다.

# 십자가만이 나의 사랑입니다

주님! 주님의 십자가만이 나의 길이요, 진리이며
나의 삶의 목표이며, 나의 사랑입니다.
주님! 제가 걸어가는 삶의 지표는 오직 주님 한분뿐이며,
제가 걸어갈 수 있는 행복의 길 또한
오직 주님께서 지고가신 십자가뿐입니다.

주님! 주님처럼 제 자신을 버림으로
제가 주님의 사랑을 얻고
주님처럼 제 모든 것을 버림으로
주님의 은혜를 깨닫게 되며
제가 또한 주님의 그 크신 사랑을 경험하게 됩니다.

주님! 제가 주님의 십자가를 사랑하오니
주님! 주님처럼 제가 주님의 십자가지고,
주님의 십자가의 길 따르게 하소서.
주님! 제가 저 자신을 부인하고,
오직 주님의 십자가를 지고 주님만을 따르겠사오니
주님! 이제는 저도 주님의 십자가 지고
주님만을 섬기며, 주님만을 위하여 살게 하소서.

주님! 저도 주님처럼, 주님의 말씀을 전하며
주님의 그 크신 사랑을 전하며 살게 하소서.
제 인생의 주님이시여! 주님의 사랑은
오직 주님의 십자가임을 제가 깨달아 알기 때문입니다.

저를 위해 십자가 위에서 고난당하시고
저를 위해 보혈의 피를 흘리신 주님!
주님! 주님께서 지시고 골고다 언덕길을 오르신
주님의 그 십자가를 제가 사랑합니다.

주님의 그 거룩하신 은혜에
주님께 감사와 찬송을 올립니다.
주님! 주님만이 오직 저의 하나님이 되시며
저의 인생의 좌표와 최고의 목적이 되시기 때문입니다.

# 십자가의 길 따르렵니다

주님! 이 죄인이 오직
주님의 십자가 앞에 엎드립니다.
저는 주님의 것이기 때문입니다.
주님! 이 죄인이 오직 걸어갈 길은
오직 주님께서 걸어가신 십자가의 길뿐입니다.

주님! 저를 용서하소서.
주님의 사랑과 은혜를 저버리고
제가 세상에 빠져 허덕이고 있음을
주님! 용서하소서.
주님! 저의 인생은 오직 주님의 것이 아닙니까?
주님! 저의 마음은 오직
주님의 품안에 있는 것이 아닙니까?

주님! 저를 용서하소서.
주님! 저를 불쌍히 여기소서.
주님! 저의 인생이 주님을 향하여 외칩니다.
이 죄악 된 세상으로부터 저를 구원하소서.
주님! 주님을 향하여 제 인생이 달려가게 하옵소서.

주님! 저의 마음은 바람에 팔랑거리는 바람개비와 같이

주님께 저의 마음이 좌정하지 못하고

오히려 이 세상의 바람에 하늘거리오니

주님! 저를 용서하소서. 저를 불쌍히 여기소서.

주님! 주님께서 저를 붙잡으소서.

주님! 제가 주님을 사랑하며 섬기며 살려 합니다.


주님! 저를 주님의 품으로 인도하소서.

오직 주님께서 저를

주님이 계신 곳으로 인도하소서.

주님! 제가 주님의 십자가 지고

주님의 길 따르게 하소서.


주님께서 걸으셨던 골고다 언덕, 십자가 앞에

제 모든 더럽고 추한 것 던져 넣으리니

주님! 주님의 보혈로 저를 깨끗이 씻기소서.

주님! 주님이 걸어가신 십자가의 길을

주님! 저도 주님의 십자가 지고 따르렵니다.

오직 주님만이 저의 구원자가 되심을

제가 깨달아 알고, 주님을 사랑하기 때문입니다.

주님! 저의 일생이 주님만을 사모하게 하옵소서.

# 나의 십자가는 이것

나의 십자가는 이것
내 마음 모두가 주님을 따르지 못하고
이 세상에 얽매여 고민하는 것.
주님의 십자가를 지고 따라가는 것.
주님께서 나를 부르시고 인도하시니
부족함 많은 나는 그래도 주님만을 따르려네.
나를 이끄시고 인도하시는 주님을 따르려네.


나의 믿음은 이것
주님께서 날 인도하시고 이끄시어
주님의 십자가 앞에 나아가는 것.
주님께서 주님의 십자가지고
날 따르라 하시네.


주님께서 내게 주신 십자가는 이것.
주님을 따르며,
주님을 바라보며 살아가는 것.
이 세상을 멀리하고,
오직 주님만을 섬기며, 주님만을 따라가는 것.

나의 십자가는 이것.

이 세상 길 버리고

오직 주님을 향해 달려가는 것.

나의 십자가는 이것

주님을 위해 내 일생을 드리는 것.

나는 이 세상을 떠나

주님을 위해 살아가야 하는 것.


매일 주님을 향해 나아가리.

매일 주님께 기도하며 살리.

매일 세상의 유혹 멀리하고

주님을 바라보며, 주님을 위하여 살아가리.


나의 십자가는 이것

매일매일 주님을 바라며

이 세상을 버리는 것.

나의 십자가는 주님을 향해 나아가는 것

이 세상길 버리고,

주님만을 믿으며,

주님을 향해 달려가는 것.

# 내게 주신 주님의 십자가

주님을 떠나보면 알게 되네.
세상이 즐거워지고,
쉬이 주님을 잊게 되는 걸.

나의 십자가는 이것.
나의 모든 것을
주님을 위해 드리며 사는 것.
나의 십자가는 이것.
내 모든 것을
주님을 위해 즐거이 드리는 것.
나의 십자가는 이것
내가 주님을 위하여 사는 것.
나의 십자가는 이것
내가 주님을 위해
내 모든 것을 바쳐 헌신하는 것.

주님께서 내게 주신 십자가
나도 지고 따라가네.
주님의 복음 들고

골고다 언덕길 오르시던 주님처럼

주님을 향해 달려가는 길.

내게 주신 주님의 십자가

주님의 온유와 겸손의 십자가의 짐을 지고

주님을 따르려네.

주님만을 따르며, 주님만을 위하여 살려 하네.

# 온유와 겸손의 십자가

주님께서 지신 십자가는 온유와 겸손의 십자가

주님의 십자가 앞에 나는 없네.

주님의 피 흘리심은 날 위하심이요

주님의 피 흘리심은 모든 그리스도인을 위함이요

주님의 피 흘리심은 주님을 아는 모두를 위함이니

주님의 피 흘리심은 온유와 겸손의 십자가 지고

주님의 마음을 품고 사랑하는 주님을 따르라함이니

주님의 십자가 앞에 오직 주님의 사랑만 있네.


주님의 십자가는 온유와 겸손

나에게도 주님의 사랑의 십자가 남아 있으니

주님을 사랑하는 사람들 모두 다 함께 가려하네.

주님이 계신 그곳까지, 주님의 십자가 지신 그 자리까지

나도 주님의 십자가 지고 주님을 따르려 하네.

주님의 사랑 찾아.


이 세상에서 주님을 바라봄은

주님의 사랑을 깨달음이요

이 세상에서 천국을 바라봄은

주님이 계신 그곳까지 가려함이요.

주님을 사랑하는 사람들,

우리 모두 주님과 함께

영원히 주님이 계신 그곳에 함께 있으려함이니

주님이 계신 그곳에서 영원히

주님을 찬미하며 살리니

주님의 부르심 따라 온유와 겸손의 십자가 지고

나도 주님의 사랑 찾아


주님을 따르려네.

주님을 찾아가려네.

주님 계신 그곳에서

영원히 주님과 함께 살려 하네.

# 주님! 저를 인도하소서

아버지 하나님! 제 인생은 부족하고 나약하여

주님을 떠나서 살아갈 수가 없사오니

주님이시여! 저를 인도하옵소서.

주님! 제 마음이 슬프고 나약하고 힘이 들어

주님 없이 살아갈 수 없사오니

주님! 저를 인도하시는 주님! 저를 불쌍히 여기소서.

제 인생의 모든 것은 오로지 주님의 것이오며,

제 삶의 모든 것, 또한 모두 주님의 것이오니

주님! 주님께서 십자가 위에서 피 흘리시며 돌아가신

주님의 거룩하시고도 위대하신 사랑과 은혜만을

제가 기억하게 하옵소서.

주님! 저를 용서하소서.

주님! 저를 불쌍히 여기소서.

주님! 제 인생이 슬프고 좌절하여

주님 앞에 무릎 꿇고 엎드리어,

또 기도드리오니

주님! 저를 구원하소서.

주님! 저를 죄악에서 건지소서.

주님! 저의 마음은 부패하고

저의 마음은 죄악으로 부끄러워

주님 앞에 설 수가 없사오니

주님! 주님께서 저를 인도하옵소서.

주님! 주님만이 저의 힘이시며,

주님만이 저의 구원이 되시오니

주님! 제가 그 위대하신 주님을 찬미합니다.

주님! 주님만이 영광을 받으시기에 합당하신 분이시오니

주님! 주님께서 저를 인도하소서.

주님! 주님께서 저의 가는 길 이끄소서.

주님! 저의 마음이 심히 슬프기 그지없사오니

주님이시여! 저를 주님의 길로 인도하옵소서.

주님! 제가 주님께 간구하오니

주님! 주님이 계신 그곳으로

주님께서 저를 인도하옵소서.

# 오! 영광의 아버지 하나님이시여

오! 영광의 아버지 하나님이시여!

저를 부르시는 주님이시여!

주님! 제가 주님께 간구합니다.

주님! 제게 응답하옵소서.

주님! 주님의 이름을 높이 불러

주님의 영광을 찬미합니다.

주님! 제 인생이 무엇을 하여야 하는지

주님! 제가 어떻게 살아야 하는지

주님! 제가 깨닫게 하옵소서.

주님! 제가 주님께 부르짖사오니

주님이시여! 제게 말씀하옵소서.

주님! 제가 듣겠나이다.

저는 우둔하고 마음이 어두워져

주님을 뵈옵지 못하오니

주님! 저를 인도하옵소서.

주님! 제게 응답하옵소서.

주님! 저의 인생은 오직 주님께 있고,

지금까지 주님의 인도하심을 따라 살아왔습니다.

주님! 제가 구하는 것이 인간의 생각이고

주님의 뜻을 멀리 떠나 있어

주님께 부끄러움이 되고 있사오니

주님! 주님께서 저를 인도하소서.

주님! 제가 주님의 뜻을 알아

제가 주님을 따르게 하옵소서.

주님! 제가 주님을 사모하며 살도록

주님께서 저를 주님의 길로 인도하옵소서.

주님! 제가 영원히 주님을 찬송하며 살도록

주님! 주님께서 저의 길 가르치소서.

# 우리의 살아감은 무엇입니까

주님! 우리의 살아감은 그 무엇입니까?

우리는 무엇 때문에 왜 와서

주님의 그 거룩하신 이름을 부를까요?

주님! 주님 없이는 그 아무것도 할 수가 없고

주님 없이는 그 아무것도 이룰 수가 없습니다.

주님! 제가 주님의 이름을 불러

주님의 뜻과 사랑을 간구합니다.

주님! 저의 죄악이 너무 커

주님의 얼굴을 뵈올 수가 없사오니

주님! 저를 주님의 보혈로 정결케 하옵소서.

주님! 저를 주님의 품에 두시어

주님! 제가 주님을 사랑하며 살도록 허락하소서.

주님! 제 모든 것을 버리고

주님 한분만을 따르기를 원하오니

주님이시여! 저를 주님의 길로 인도하소서.

주님! 제가 주님을 바르게 섬기게 하옵소서.

이 세상의 허황된 것들을 버리고

오직 주님을 섬기는 맘으로

주님 한분만을 사랑하며 살게 하소서.

주님! 제가 끊임없이 주님께 부르짖어

주님을 갈망하오니

주님이시여! 제게 말씀하소서.

주님께서 십자가에 달리시어

주님께서 우리의 고난과 죄악의 짐을

우리 대신 짊어지시고,

주님께서 친히 십자가의 길 걸어가셨던 것처럼

주님! 제가 주님을 따르오니

주님! 이젠 제게 응답하소서.

주님! 제가 주님을 찾고 또 찾사오니

주님! 제게 말씀하소서.

주님! 제가 주님의 뜻을 깨달아

주님을 위해 살게 하소서.

66 기도하지 못하는 날은 주님의 뜻을 알지 못해
　　　　나의 마음이 괴로워하네. 99

– 〈 기도하지 못하는 날은 〉 중에서 –

제7장
신앙의 고백

# 하루에 한두 시간씩 기도하기만 해도

하루에 한두 시간씩 기도하기만 해도
나의 마음도 허전하지 않을 텐데
많은 돈을 모아 나의 계좌에 넣어보지만
그 돈은 언제 그랬느냐는 듯
이 세상에 흩어지고 마네.
신기로우리만치 쉽게 사라지고 마는 돈들
내가 주님을 의지하라는 뜻인가?
아직도 정신을 차리지 못하는 나는
과연 무엇인가? 내가 할 일은 무엇인가?
나도 잘 살아보고 싶은데,
다른 사람보다 잘 살아보고 싶은데
욕망인가? 이것이 세상의 욕망인가?
이것이 주님의 뜻에서 벗어나는 일인가?
주님의 뜻을 이해할 수가 없네.
주님의 뜻을 도저히 이해할 수가 없네.
내 주머니는 이렇게 비어 있는데
어떤 때는 주님께서 다 채워 주시지.
주님만을 기뻐하고, 주님만을 의지할 때.
나의 의지와는 상관이 없었네.

주님께서 나의 주머니를 두둑이 채워주시고 계셨지.

부족함 없게 하시고 계셨지.

그런데 나는 지금도 알 수 없네. 주님의 뜻을.

주님만 위해 살라는 말씀,

주님의 말씀만 전하며 살라는 말씀

그 말씀의 뜻을 알 듯도 한데, 또 알 수가 없네.

주님의 뜻을 도저히 이해할 수가 없네.

주님 위해 사는 것 이것이니

내 모든 것 주님께 드려

주님의 그 사랑 전하며 살라는 이것이니

이젠 주님의 그 사랑 전하며 살리.

그렇게 주님을 위하여 살리.

아마 그것이 주님께서 내게 원하시는

주님의 뜻이려니. 난 그렇게 살리.

# 나는 주님의 뜻 알 수 없네

어떤 때 가끔 저를 괴롭히는 말

주님은 과연 살아계시는 것일까?

믿음 없이 부끄러운 이맘

그러나 나의 실패 때면 나를 괴롭히는 이말

내가 슬픔을 안고 많은 고통을 안고

주님을 뵈올 때쯤엔

과연 주님께서 살아계시는 것일까?

주님께서 분명히 나와 함께 하시고 계심을 아는데

이 순간에도 나와 함께 하시며,

날 인도하시고 계심을 아는데

왜 내게는 이런 고통이 따르는 것일까?

전엔 이렇지 않았었는데,

나는 왜 이렇게 고통스러운가?


땀 흘려 일하지 않고, 그냥 걸어가고 있으니

주님의 뜻이 생각나지 않는 것인가?

날 인도하시는 주님의 뜻이 기억나지 않는 것인가?

나는 괴로우니 정말 알 수 없네.

주님의 뜻을 알 수 없네.

나의 많은 재물이 사라지고,

내가 신중히 주님의 뜻을 찾아 뵈어야함에도

주님의 뜻보단 세상의 길이 더 크게 느껴져

주님을 뵈올 수 없네. 주님께 아뢸 수 없네

나는 주님의 뜻 이해할 수 없네.

내가 세상에서 왜 실패하고 절망하는지.

왜 이리 어렵게 살고 있는지.

아무리 이해하고 이해하려고 함에도

주님의 뜻을 이해할 수 없네.

세상에서 왜 실패하고 절망하는지.

모든 것이 나의 부족함이라 이해하면서도

지금 나에게는 그저 어려움밖엔 없네.

주님의 뜻을 이해하지 못하겠네.

정녕 깨닫지 못하겠네.


그러나 알지 않는가? 주님의 살아계심을.

주님은 우리의 세미한 음성까지도

우리의 속마음까지도 아시고 계시지.

주님은 영이시니 우리의 폐부를 다 찔러보시고 계시지.

그런데 왜 믿음 없이 불평인가?

잘못된 투자와 나의 실패, 나의 잘못된 결정

설령 그 일들이 갈대와 같이 여린 심정으로

시험에 빠져 잘못 되었다하더라도

깨달아야 하지 않는가? 주님께서 나와 함께 하시고 계심을.

그분의 대속해 주신 사랑을 깨달아 알고 있어야 하지 않는가?

그래야만 주님의 징계를 피할 수 있을 터.

주님이 살아계심을 깨달아야 하는 법.

주님께서 우리를 죄악에서 고통에서 건져주시니

주님께서 우리와 함께 하시니

우리 모두 그분의 거룩하시고도 위대하신 이름을

찬송해야 하지 않는가?

이것이 우리의 위대하신 하나님을 향한

우리의 신앙고백일세.

이것이 주님을 향한 우리의 믿음일세.

# 하나님이 한번 후 불으시면

– 주일 오후 예배 후에

하나님께서 한번 후 불으시면
내 모든 것 흩어지고 말아.
하나님께서 한번 후 불으시면
주님께서 내 모든 것 흩으시고 말지.

하나님께서 내게 숨을 불으시어
내게 힘주시면, 나는 다시 일어서네.
내 흩어졌던 것들이 다시 모이고
주님의 은혜와 소망의 삶이
다시 넘쳐 나게 되네.

하나님이 한번 후 불으시면
내가 좋아하는 이 세상의 모든 것
다 사라지고 말아.
주님이 내게 명하신 일, 내가 이행하지 아니하면
주님께서 이 모든 것 흩으시니.
내 모든 것 후 사라지고 말아.
기도하며, 주님 앞에 엎드리어

더욱 더 주님 앞에 낮아지면

주님께서 놀라우신 은혜로 살피시며, 다시 보살피시리.

주님께서 십자가에 몸 버려 피 흘리시어

우리를 대속하기 위해 그분의 몸을 친히

희생 제물로 드리셨던 것처럼

우리를 다독거리시고 일으켜 세우시지.


그러나 주님처럼 낮아지지 아니하면

주님께서 우리를 내치고 말아.

주님께서 내게 주신 놀라우신 은혜

그분의 그 크신 사랑을 전하지 아니하면

주님께서 내치시고 말아.

주님께서 숨을 한번 크게 내쉬고 말지.

바람처럼 내 모든 것 흩어버리시지.


기도하여야 하네. 기도하며 순종하여야 하네.

주님처럼 낮아지며, 주님 앞에 엎드리어

주님의 도우심을 구하여야하네.

주님 전에 나가, 주님의 도우심을 구하면

주님께서 내 모든 것, 다시 회복시키시네.

주님께서 숨을 내쉬며 말씀하시되

"성령을 받으라."

주님께서 말씀하시니 (요20:22)

내 모든 것들, 주님의 이름으로 다시 일어나네.

주님의 도우심이 함께 하시니

내 모든 것들, 회복되네.

내가 가진 모든 것, 주님을 위해 쓰라고

내가 지금 있는 모든 것,

주님을 위해 사용하라고.

주님께서 다시 내게 힘을 주시네.

주님을 위해 내 모든 것들

주님께서 다시 회복시키시네.

_ 참으로 보잘 것 없는 인생입니다. 그럼에도 우리는 무엇을 그리 잘 났다고, 주님 앞에 큰소리치며 떠들 수 있을까요? 오직 주님만이 우리를 구원하실 분이시니, 우리가 주님께 나아가 주님의 음성을 듣기를 구합니다. 그분의 응답은 오로지 말씀을 통하여 우리에게 응답하시며, 우리를 위로하시고, 회복시키심을 봅니다.

# 머리 아픈 때

왜 이리 신경 쓸 일이 많이 있니?

나는 왜 인생을 이리 살고 있나?

고난의 연속인가?

보아도 보아도 끝이 없는 출구

주님의 뜻은 내게 무엇인가?

내가 알고 있는가? 세상을 바라보지 말라는 것.

주님을 위해 살라는 말 아닌가?

주님은 나의 하나님이시니,

나는 주님을 위해 살아야 하는 것 아닌가?

참으로 고통스러운 문제이다.

나의 인생은 무엇인가?

주님의 부르심인가?

하나님과 벨리알은 양립할 수 없다는 것.

세상을 섬기면, 주님을 섬길 수 없으니

주님만이 나의 인생 아닌가?

그런데 왜 나는 세상의 방법에 의지하는가?

그냥 편히 살면 될 일.

왜 이리 일을 꾸미는가?

알 수 없는 일들이 이것이니

주님의 뜻만 기다리며 살자.

정말 주님을 위해 살아야겠는데

잘 모르겠다. 나의 인생이 무엇이며,

어디로 가야 하는지,

주님의 뜻을 기다리며 사는 것

이것이 행복 아닌가?

지금은 기다릴 때이다. 주님의 뜻을.

지금은 기다려야 한다. 주님의 은혜를.

# 기도하지 못하는 날은

기도하지 못하는 날은 마음이 너무 아파

주님의 길 기다리며, 주님께 기도드리네.

주님은 나의 하나님이시며, 날 인도하시는 주님이시니

내가 주님을 기다리며, 주님을 위해 사네.

주님은 나의 하나님이시며, 날 인도하시는 분이시니

내가 주님을 위해 살며,

내 모든 것, 주님을 위해 바치려네.

기도하지 못하면, 내 온몸이 괴로워하니

이제는 주님께 기도하며 살려 하네.

주님께 매어달려, 주님의 뜻 구하려네.

주님을 멀리하며 살아왔었지.

주님은 나의 하나님이 아니신가?

내가 주님 없이 살려고 할 때

나는 괴로웠지. 지금도 나의 마음 괴로워하네.

왜 내 생각의 모든 것이

주님 중심으로 이루어지지 못하고

어떻게 세상의 것들로만 마음 괴로워하는가?

나는 알 수 없네. 주님의 뜻을.

주님께서 날 인도하시는 길은

언제까지 이렇게 어렵게 살아가려나.

세상길 벗지 못해 마음 괴로운 나.

주님께서 날 인도하시는 길

그 길이 주님의 뜻임을 알아야하는데

기도하지 못하는 날은, 주님의 뜻을 알지 못해

나의 마음 괴로워하네.

기도하여야 하네.

기도하며, 주님의 뜻을 구하여야 하네.

기도하지 못하는 날은

나의 마음이 뼈를 깍듯이 심장이 떨리며 괴로우니

주님의 뜻을 구하며,

주님을 위하여 살기를 다짐하며 기도드리네.

내 모든 것, 주님께 내어 놓으며,

기도드리며, 내 모든 것 주님께 맡기려네.

# 우리가 살아가는 이유

– 시편 16:11

주께서 생명의 길을 내게 보이시리니, 주의 앞에는 충만한
기쁨이 있고, 주의 오른쪽에는 영원한 즐거움이 있나이다

우리가 살아가는 이유
주님 안에서 기뻐하는 것.
인간이 지음을 받고,
영원한 주님 앞에 나아와
주님과 함께 있는 것.
우리가 기뻐하는 것,
주님 안에서 즐거워하는 것.

우리 그리스도인들의 기쁨은
주님의 십자가의 사랑 안에서
주님의 나라를 기다리며
그분의 부활을 기다리는 기쁨입니다.
우리가 살아가는 이유,
그것은 주님 안에서의 기쁨.
주님! 주님께서 우리의 죄악을 사하시니

주님! 저희들이 주님 안에서 기쁨을 누립니다.

우리의 죄악을 회개하고, 우리가 주님을 따르므로

주님 안에서 즐거움으로 살아가게 됩니다.

주님! 주님께서는 저희들을 위해 피 흘리시고

저희들의 죄악을 사하시며

저희들과 함께하시니

주님! 저희들이 주님을 기뻐합니다.


우리가 살아가는 이유,

주님의 부활을 기다리며

영원한 천국에 우리의 소망을 두고 사는 것.

우리의 사는 기쁨은 이것.

주님의 십자가의 그 사랑처럼

우리의 어두워진 마음이

주님 안에서 빛된 밝은 마음으로 사는 것.

주님을 사모하는 그 기쁨으로 사는 것.


주님의 십자가의 사랑

오직 주님을 믿는 저희들의 것이니

천국에서 영원히 주님과 함께 살렵니다.

주님을 만난 이후,

이 세상을 떠나 주님과 함께 살며,

주님과 함께 동행하는 기쁨.

주님께서 계신 그곳으로 나아가

주님과 함께 영원한 소망을 두고 사는 기쁨.


십자가 위에서 피 흘리신

주님의 그 사랑을 생각하며,

내 평생 주님을 기다리며 사는

그 즐거움입니다.


_ 우리가 살아가는 이유는 단 한가지입니다. 주님께서 우리를 살피시고 우리의 영혼을 거두시기 때문입니다. 주님이 계시지 않는다면, 아마 우리의 인생은 참으로 무의미할 것입니다.

_ 주님께서는 일찍이 사랑하는 제자들에게 나타나 보이셨고, 지금도 주님을 찾는 이들에게 말씀하시며 보이시고, 고난 가운데 응답하시고 계십니다. 그런데 문제는 우리가 그 주님을 잘 깨닫지 못한다는 것입니다.

_ 주님의 마음은 항상 우리를 그 자애로운 마음으로 바라시보시고 계시며, 우리의 갈 길을 인도하시고 계십니다. 주님의 사랑 가운데 거하는 그 일보다 더 즐거운 일은 없습니다. 주님의 길 가운데 영원한 기쁨이 있다는 사실을 깨닫는 사람은 행복한 사람입니다.

# 가서 너도 이와 같이 하라

– 예수께서 이르시되 가서 너도 이와 같이 하라 하시니라(눅10:37)

지금까지 이해하지 못했던 말씀
오늘 주일 낮 예배 때
설교시간에 들을 수 있었네.
"가서 너도 이와 같이 하라."

선한 사마리아인의 비유를 말씀하시면서
주님께서는 말씀하셨지. 그랬지.
그렇게 말씀하셨지.
"가서 너도 이와 같이 하라."

주님은 그 아무도 책망하지 않으셨네.
선한 사마리아인!
그는 이방인보다 못한 대우를 받았지만
몸소 사랑을 실천했네.
영혼이 찢기고 상처투성이인
우리들을 주님께선 싸매시고 어루만져주셨지.
그렇다네. 그래야 하네.
주님의 사랑하는 영혼들

찾아야 하네. 찾아내어 싸매며 어루만져야 하네.

주님의 사랑하는 영혼들, 알게 되지.

주님의 마음을 닮아

주님의 마음을 배워

상처 입은 그곳을 싸매며, 어루만져

그 영혼을 위로해야 하지.


우리 주님은 사랑.

그분은 그분 앞에 찾아 나오는

그 어느 누구에게도

책망이나 핀잔을 주신 일이 없으시다네.

다만 불쌍히 여기시었지.


주님은 선한 사마리아인.

나도 주님의 그 사랑을 닮아

주님의 말씀처럼

그 선한 사마리아인처럼 사랑을 배워야 하네.

그분의 사랑을 이루어야 하네.

선한 사마리아인은 주님!

그분은 많은 사람에게 배반당하셨지만,

오직 우리를 위하여 말없이 십자가 지시었지.

그리고 십자가 위에서 물과 피를 쏟으시며 운명하셨네.

그분의 사랑은 그분의 몸을 내어주심.

이제는 알게 되네. 주님의 그 크신 사랑을.


주님의 말씀이 귓전을 울리는 시간.

내 인생의 좌표가 무엇인지를 알아

주님을 따라가네.

주님의 성품을 닮으려 하네.

내 귓전을 두드리며 다가오는 주님의 말씀.

내 벅찬 가슴이 주님을 뵈올 때까지

주님을 따르려네. 따라가려 하네.


"가서 너도 이와 같이 하라."

내 사랑하는 영혼, 주님의 사랑하는 영혼

세상에 찢기고 상처 입은 그 영혼을

주님처럼 상처를 싸매고 어루만져

주님께로 이끌어야 하네. 인도하여야 하네.

# 너는 어찌하여 여기 있느냐

– 엘리야가 로뎀나무 아래에서, 왕상 18-19장

엘리야가 갈멜산 위에서 하나님께 기도드릴 때
불로 응답하신 하나님!
그분의 이름을 힘입음으로
엘리야는 바알 선지자를 모두 무찔렀네.

엘리야는 우리 주 하나님께 기도하였다네.
갈멜산 꼭대기에 올라가서 기도하였네.
땅에 꿇어 엎드리어
그의 얼굴을 무릎 사이에 넣고
일곱 번 하나님께 기도하였지.
주님께서 그 기도를 들으시고
구름과 바람이 일어나게 하시어
하늘을 캄캄하게 하며,
큰 비 내리게 하셨네.
엘리야는 하나님의 이름으로 승리하였네.

사백오십 명의 바알 선지를 이긴 엘리야.
그들을 모두 칼로 죽이는 승리를 이끈 엘리야

그 큰 승리 후에도 그는 두려움으로
이세벨의 박해를 피하여 도망하였네.
그는 실의에 차, 로뎀나무 아래에서
하나님께 죽기를 간구하였지.
그 큰 승리 후에 낙담하여 주님께 불평하였네.
로뎀나무 아래에서 주님께 간구하였네.
지금 내 생명을 거두어주옵소서.
엘리야는 회의와 절망 속에 빠져 죽기를 간구하였네.
거대한 하나님의 이적을 경험한 하나님의 사람
그럼에도 하나님 앞에서 부끄러이 죽기를 구하였네.
로뎀나무 아래에서 주님께 간구하였네.

주님께서 천사를 보내시어
사집 주 사십 야를 하나님의 산에 이르게 하셨지.
로뎀나무 앞에서 죽기를 구하는 엘리야를
물과 빵을 먹이시면서 이끄시었네.
우리의 믿음과 삶도 이와 같으려니.
그 강건하던 믿음과 힘이 길을 잃어
우리에게 절망의 바람이 스칠 때
주님께서 천사를 보내어 인도하심을 알게 되네.

엘리야가 굴속에서 하나님께 질문을 받았네.

너는 어찌하여 여기 있느냐?

엘리야 홀로 남아 생명의 위협을 느낄 때

죽음을 피하여 호렙산 골짜기 피해 숨어 있을 테니.

주님께서 나가시어 엘리야에게 말씀하셨네.

주님의 손길을 받아

하나님의 산 호렙에 이를 때,

그 한적한 굴속 그곳에서 주님이 말씀하셨네.

세상의 혼란과 부패의 그늘을 벗어나

홀로 주님을 만나러 떠나려 하네.


우리가 알아야 한 가지가 있지.

주님이 응답하시는 방법을,

엘리야가 낙담하여

홀로 깊은 산속 굴속에 앉았을 때

주님께서 조용히 찾아와 말씀하셨네.

아무도 없는 홀로 한적한 공간

나약하고 병든 내 몸을 주님께서 찾아오시네.

외로움과 고독, 슬픔과 좌절, 그 한심하고 나약한 공간에

아무것도 없이 외로이 절망에 좌절해 있는

나 혼자만의 공간, 고독의 자리

그곳에서 주님께서 다가오시네.

큰 성공 후에 오는 허망감, 절망과 좌절,

불행이 찾아올 때 주님께서 다가오시지.

그런데 어떻게 해.

이 한 가지는 꼭 알아야 하네.

하나님의 응답하심의 방법을.

하나님께서 광야로 엘리야를 내보내시기 전에

엘리야는 스스로 광야로 나갔지.

그곳은 아무도 없는 길, 사환도 떠나고

이 세상에서 이미 벗어난 하룻길.

로뎀나무 아래에서 좌절과 절망으로

주님을 찾아 죽기를 구하였네. 얼마나 좌절했을까?

하나님께서 천사를 보내시어

사십 주 사십 야를 광야로 인도하시었지.

로뎀나무 아래에서 떡과 물을 먹이시고

사십 주 사십 야를 걸어

하나님의 산 호렙에 이르게 하셨네.


그러나 이것이 끝이 아냐.

하나님을 향한 열심히 유별난 엘리야에게

하나님께서 말씀하셨지.

'너는 나가서 하나님 앞에 서라.'

주님께서 엘리야에게 말씀하셨네.

그리고 야훼 하나님께서 엘리야 앞을 지나시었지.

그러자 크고 강한 바람이 산을 가르고 바위를 부수었네.

그러나 바람 가운데 주님은 계시지 않으셨네.

바람 후에 지진이 다시 있었지.

그런데 그 지진 가운데에도 주님이 계시지 않아

또 지진 후에 불이 있었네.

불 가운데에도 주님께서 계시지 않으셨어.

그 불이 있은 후에야

주님의 세미한 음성이 엘리야에게 들리었네.

엘리야가 듣고 겉옷으로 얼굴을 가리고

주님께 나가 굴 어귀에 섰다네.


이제 주 하나님께서 엘리야에게 갈 길을 말씀하셨네.

세미한 음성으로 말씀하시는 주님!

그분이 주 하나님이심을 말씀하셨네.

우리는 어떨까?

우리도 주님의 음성을 들려야 하네.

바람과 지진과 불이 있은 후에야

세미하게 말씀하시는 주님의 음성을 들어야하네.

나는 지금 그 주님의 음성이 왜 그리운가?

주님의 십자가 앞에 엎드려 울고 서 있네.

나도 주님의 그 세미한 음성 들어야 하네.

주님! 제게도 엘리야에게처럼 말씀하소서.

주님의 음성 제게 들리소서.

그리하여 주님! 저의 갈길 가르치소서.

늘 사랑의 주님! 제가 주님께 엎드려 기도하오니

주님! 주님의 선한 길로 저를 인도하소서.

주님! 제가 가야 할 길을 제게 가르치소서.


나는 지금 주님 앞에 울고 서 있네.

로뎀나무 아래에서 엘리야처럼.


_ 우리는 큰 승리 후에, 혹은 큰 성공 후에, 우리에게 찾아오는 허전함과 우울증을 느낄 때가 있습니다. 크나큰 성공에도 불구하고 좌절하여, 용기를 잃어버리고, 주님이 함께 하시고 계심을 깨닫지 못하고, 깊은 어둠속의 터널 가운데 빠질 때가 있는 것입니다. 주님은 모든 것이 지났을 때쯤, 모든 폭풍우가 지난 때쯤, 그 후에야 조용히 주님을 찾는 가운데, 아주 조용한 가운데, 깊은 고독의 자리, 그곳에서 매우 세미하고 부드러운 음성으로 우리를 부르시고 계심을 봅니다. 우리의 기도는 그 부드럽고도 다정하게 부르시는 주님의 음성을 기다리는 가운데 있는 것입니다.

# 기도를 명하시던 날

지난 토요일 기도하지 않았네.
여기저기 세상의 약속 가운데 하루를 허비한 채
그리고 인터넷만 뒤적이다가
세상의 유혹에 빠져 쾌락을 꿈꾸다가 잠이 들었지.
오늘 주일 낮 예배 후에
기관별로 협력 교회로 떠나는 시간
나는 한나회가 함께 떠나기로 했지.
그러나 썩 마음이 내키지 않아
마음을 정하지 못하던 때
이상하리만치 차량의 좌석이 꽉 차
빈 좌석이 하나 없었고
떠나는 승용차 안에도 내가 끼어들 틈이 없었네.
권사님 한분을 승용차로 태워 보내자니
빈자리가 하나도 남아 있지 않았네.

참으로 주님의 뜻을 알 수 없어.
담임 목사님은 내가 한나회와 떠나기를 바랐지만,
내가 탈 좌석이 없어 떠나지 못하니
주님께 기도 시간을 허락받았네.

교회의 예배당에는 아무도 남아 있지 않은 시간
기도하기 좋은 시간, 주님의 뜻을 헤아리며 기도하였네.
내가 쓴 '내 마음의 기도소리' 책자 붙잡고 앉아
처음부터 끝까지 한 편 한 편 젖히며
주님의 뜻을 구하였네.
주님께서 기도하는 시간 마련해주셨으므로
덕분에 모처럼 주님을 만나 뵈올 수 있었네.
주님의 사랑 다시 깨달을 수 있었네.

내가 깨달아야 할 주님의 뜻과 사랑,
깨달을 수 있었네.
주님의 뜻을 몰라 서성거릴 때,
주님은 교회의 예배당에 나를 두었네.
주님의 오묘하신 뜻, 우리 어찌 알리.
주님께서 이렇게 살피시니
주님께 기도드리네. 감사드리네.
주님의 오묘하신 사랑을.

# 우리가 우리에게 죄 지은 자를
# 사하여준 것같이

– 주기도문, 마6:12

우리가 주님의 사랑을 깨달아

주님께서 가르치심과 같이

우리가 우리에게 죄 지은 자를 사해줄 수 있을까?

주님께서 우리가 우리에게 죄 지은 자를 사해 준 것같이

주님께 우리의 죄를 사해달라고 기도하라고 하셨는데

과연 우리는 우리에게 죄 지은 자를 사해줄 수 있을까?


주님! 우리의 마음은 너무 완악합니다.

우리는 너무 나약합니다.

주님의 말씀을 들을 때마다

우리의 마음은 부끄럽고

우리는 주님께 우리의 부끄러운 몸을 내어놓습니다.

주님! 우리가 우리에게 죄 지은 사람을

용서할 수 있는 힘을 주옵소서.

부끄러움밖에 없는 제가 주님께 엎드리어

주님께 제 부끄러운 모습을 내어놓사오니

주님! 저를 용서하소서.

주님! 저를 불쌍히 여기소서.

주님! 저는 주님의 것이오니,

위대하신 주님이시여!

이제는 주님의 십자가의 길로 저를 이끄소서.

저를 주님께로 인도하소서.

주님! 제 인생의 길이 오직 주님 한분께 있사오니

주님이시여! 주님의 그 크신 사랑을 제게 베푸소서.


주님! 누군가 우리에게 죄 지은 자가 있다면

그를 용서할 수 있는 마음을 제게 허락하시고

제가 주님의 뜻을 좇아

주님을 사랑하며, 주님을 의지하며 살 수 있도록

제가 주님의 그 사랑의 마음을 닮아갈 수 있도록

주님! 제게 허락하소서.

주님! 저는 부족하고 또 부족하오니

주님께서 저를 살피시어, 저를 주님의 길로 인도하소서.

주님의 그 크신 사랑을 깨달아

주님처럼 제가 용서와 이해의 마음을 가질 수 있도록

주님! 제게 허락하소서.

# 그날에

_ 그 날에 이스라엘의 남은 자와 야곱 족속의 피난한 자들이 다시는 자기를 친 자를 의지하지 아니하고, 이스라엘의 거룩하신 이 여호와를 진실하게 의지하리니, 남은 자 곧 야곱의 남은 자가 능하신 하나님께로 돌아올 것이라. 이스라엘이여 네 백성이 바다의 모래 같을지라도 남은 자만 돌아오리니 넘치는 공의로 파멸이 작정되었음이라. (사 10;20-22)

그 날에 주님의 심판이 임하시리라.
주님의 공의로운 계획하심이 이미 작정되었네.
주 하나님께서 이미 작정된 파멸을
온 땅에 행하시리라.

주님! 우리의 심장은 떨리며,
우리 심령은 주님의 심판의 법으로 요동을 칩니다.
우리의 죄악이 너무 커서
주 예수님의 피로 속죄하심이 아니시면
저희들이 두려움으로
영원히 주님의 얼굴을 뵈옵지 못하게 됩니다.

주님! 저희들이 두 손 들고 회개합니다.
주님! 저희들을 받으소서.

주님! 주님께로 돌아가는 저희들을

주님께서 싸매시며, 어루만지신다 약속하셨사오니

주님! 저희들이 주님의 보혈의 피를 의지하여

주님을 뵈오며, 주님을 사랑합니다.


주님! 저희를 용서하소서.

주님! 저희들이 주님의 십자가를 바라보오며,

주님을 의지하며 사모하오니

주님! 저희들을 환난에서 건져내시어

영원히 주님을 찬양토록 허락하옵소서.


주님! 주님은 영광의 주님시오니

주님! 저희들이 주님의 영광을 찬미합니다.

주님의 위대하신 이름을 들어

주님을 찬미하며 사랑합니다. 주님!


주님이시여! 이 세상 환난의 날에

주님의 사랑으로 그 환난을 지난 소망의 남은 사람들이

주님의 영광을 증거하며 즐거이 찬미하오리니

주님! 주님이시여! 저희들을 주님의 품으로 인도하소서.

# 부모님의 뜻이 하나님의 뜻과 반할 때

주님! 저의 마음이 고통스럽고 괴로운 것은
제가 선택한 주님의 길을
저의 아버지께서 반대하실 때,
저의 마음이 안타깝고 또한 괴롭습니다.

어릴 때는 무지하여 부모님의 마음을 아프게 했습니다.
지금은 저의 선택의 길 때문에 고민합니다.
제가 가야 하는 길 때문에 제가 마음이 아파하고
제가 주님을 따르려는 그 이유 때문에
저의 가슴이 저의 아버지의 마음과 충돌합니다.

주님! 가장 평탄한 인생은
주님의 계획대로 저의 아버지의 생각이
주님의 의도대로 바뀌는 것입니다.
저의 아버지를 사랑하고,
저의 어머니를 부모로서 섬기지만,
주님! 저의 마음은 답답하여 해소할 길이 없어
주님 앞에 나아가 저의 고통을 아뢰며 호소합니다.

주님의 계획과 뜻을 알 수 없어

저의 마음은 괴로워합니다.

과연 이 길이 주님께서 원하시는 길이신지

저는 알 수 없어

주님께 나아와 주님께 길을 묻곤 합니다.

그래도 저는 주님께서 걸어가신 그 길을

저도 주님을 따라 걷고 싶어 합니다.

수많은 사람들에게 복음을 전하리라는 것을

제가 아는 까닭에

저도 주님의 길을 따라 걸어가고 싶어 합니다.


제가 주님의 부름을 받는다면

주님의 십자가의 사랑, 제가 깨달아 주님을 뵈옵는다면

주님! 제가 생각하는 것은

저의 아버지의 생각 역시

주님의 뜻대로 바뀔 것이라는 것입니다.

저는 아직도 부족하여

주님의 그 거룩하신 뜻을 깨닫지 못하오나

제 생각과 뜻이 모두 점점 더 하나씩

주님을 중심으로 바뀌고 있다는 것입니다.

주님! 저와 함께하소서. 주님! 저를 인도하소서.

주님! 저의 생각이 저의 부모님의 생각과 달라

제가 이 어려운 번민과 슬픔에 빠지지 않도록

주님! 저를 주님의 길로 인도하소서,

주님! 제 가는 길이 주님의 뜻 가운데 있게 하옵소서.

주님! 주님께서 오직 저를 주님의 길로 인도하소서.

주님! 저의 생각이 오직 성령님의 생각에 일치하게 하시고

주 하나님의 뜻을 따라, 제 인생이 걸어가야 함을

저의 부모님들이 깨닫게 하소서.


주님! 제가 일찍이 주님을 알았고,

제 목숨과 삶이 주님의 의도대로 회복되었으며,

제가 드린 기도에 주님께서 응답하셨으니

주님! 제가 주님만을 따르며,

주님! 제가 오직 주님만을 섬기며 기뻐할 따름입니다.

주님 없이는 제가 살 수 없고,

주님께서 저와 함께 하시지 않으신다면

저는 더 이상 일어설 수 없으며,

제 인생은 더 이상 무의미해지며,

저에겐 저의 삶이 아무런 의미가 없기 때문입니다.

주님! 제가 주님을 사랑합니다.

주님! 저를 주님의 길로 인도하소서.

주님! 제 인생이 오직, 주님의 그 거룩하신 사랑을 깨달아

주님을 묵상하며, 주님을 경배하며,

주님의 말씀을 따라, 복음 가운데 주님을 기뻐하게 하소서.

주님! 제가 오직 주님의 그 크신 사랑을 전하며 살게 하소서.

주님! 제가 주님께 엎드리어 경배합니다.

주님! 저를 받으소서.

주님! 저를 주님의 길로 인도하소서.


_ 믿음의 의견이 부모님과 충돌할 때, 저의 마음은 괴롭습니다. 오직 주님의 길로, 주님을 섬기는 길로 걷고 싶은데, 그렇게 마음대로 하지 못하는 마음은 너무나 가슴이 아픕니다.

_세상의 지위와 명예와 사람들의 눈초리를 두려워하는 부모님과 생각이 크게 충돌할 때는 이것이 주님의 뜻인가 하고 또 묻게 됩니다. 주님을 향한 열정이 아무리 강하더라도, 그 길을 걷고 싶어 하는 고통을 알기에 부모님의 반대는 강하기 마련입니다.

_ 아무리 극심한 반대와 고통에도 불구하고, 주님의 길을 선택했을 때, 과연 이 길이 주님께서 원하시는 길이 맞을까하고 다시 질문하며 두려워합니다. 나는 과연 주님께 제대로 믿음의 모습을 보이며 살게 될까요? 주님처럼 청빈하고, 올바르게 사는 마음과 행동을 가지지 못할 바에야 차라리 그 길을 가지 않는 것이 더 낫기 때문입니다. 주님의 길을 걷기가 참 쉽지 않습니다. 그래서 더욱 더 조심스러워지는 것입니다.

# 제가 주님을 따를 때

주님! 제가 주님을 기뻐하는 것은

오직 주님의 법도와 주님의 사랑을 누리기 때문입니다.

제가 선택해야 하는 것은

이 세상의 부귀와 영화가 아니라

주님의 계획하신 뜻과 주님의 은혜입니다.

이 세상의 쾌락과 즐거움과 같은

이 세상으로부터 얻는 것이 아니라

저의 기쁨은 오직 주님께로부터 오는 것입니다.

주님! 저는 알지 못합니다.

그리하여 주님! 제가 주님께 간구합니다.

주님 안에서 저의 아버지를 사랑하고,

저의 어머니를 섬기는 것처럼

주님! 주님을 믿기 때문에

주님을 사랑하며, 주님을 믿는 성도들을 사랑합니다.

주님! 저의 가정을 인도하소서.

주님! 저의 선택이 오로지 주님의 뜻 안에 있게 하시고

주님의 은혜와 사랑이 저의 부모님께도 넘치어

제 가는 길이 주님의 뜻임을 저의 부모님도 알게 하소서.

주님! 이 세상의 번민과 낙망으로부터 벗어나

주님을 사랑하며, 주님을 묵상하며 사는

그 기쁨과 즐거움이 제게 늘 있게 하락하시고

이 세상을 향한 주님의 뜻을 제가 깨달아

이웃에게 늘 주님의 그 사랑을 전하게 하소서.

저와 함께 하셨던 주님! 저의 기도에 응답하셨던 주님!

제가 주님께 늘 기도하며 간구하오니

주님! 제 길의 선택이 오직 주님께 있게 하시고

주님께서 저를 도우시어

제 가는 길이 주님의 뜻 안에 있게 하소서.

제 마음이 주님을 기뻐하여 즐거워하오니

주님! 주님 한분만을 제가 사랑하며 살게 하소서.

주님의 은혜와 사랑이 저의 부모님께도 넘치어

제 가는 길이 오직 주님의 뜻 가운데 있음을 알게 하소서.

제가 주님을 따르므로

저의 부모님 때문에 제 가슴이 아프지 않게 하소서.

오직 주님께서 저의 길 인도하시고,

때때로 제가 걷는 이 길이 주님께서 허락하시는

고난과 슬픔과 인내와 가시밭길이라 할지라도

주님 한분 때문에 제가 온전히 기뻐하게 하소서.

주님 때문에 받는 그 고난을 제가 이겨나가게 하소서.

주님으로 인하여 제가 늘 기쁨이 충만하게 하소서.

# 주님께서 주신 육체의 가시

주님께서 내게 주신 육체의 가시
나는 알 수 없네.
이것이 주님의 뜻인지.
이것이 주님께서 허락하신 가시가 맞는지
왜 주님께서 내게 주신 것인지.
네 몸에 병이 생겨 육신의 생활이 불편할 때
나는 주님의 큰 뜻을 알 수 없네.
오직 주님께만 기도드리네.
주님의 도우심을 간구하려네.
약을 먹어도 낫지 않고
이 질병으로 인한 고통과 불편이 지속된다 할지라도
오직 하나님께로부터 온 것이니 달게 받으리.
주님께서는 내게 육체의 가시를 주셨네.
내가 자만하거나 오만하지 않도록
오직 겸손하게 주님만을 바라볼 수 있도록.
주님께서 내게 주신 것은 주님께서 주신 모든 것.
주님의 도우심이 아니고는 나는 결코 일어날 수 없네.
주님! 저와 함께하소서. 저를 이끄시니
주님께서 저를 도우시고 인도하시니

주님! 제가 주님을 믿으므로 주님께 간구합니다.

주님! 제가 주님의 뜻을 따르지 못하고,

주님의 말씀을 저버린 저의 죄악으로 인하여

저의 육체의 가시가 저를 괴롭힙니다.

주님! 제가 육체의 가시로 인한 고통 속에 살고 있으니

주님! 주님께서 저를 치료하소서.

주님! 제가 주님을 열심히 따름을 주님께서 살펴보시고

주님! 제가 지금까지 지은 저의 죄악을 용서하소서.

주님! 제가 주님을 섬기며, 주님을 따름을 보시고

주님! 저를 기억하옵소서. 주님을 찬송하며 살게 하소서.

주님! 저를 주님의 길로 인도하소서.

# 주님의 길을 가려합니다

주님! 우리가 있는 이 자리가 항상 제게 영원한 건 아니겠죠?
주님! 저희들이 해야 할 일은
어디에든 어느 곳에 있든
주님께서 맡기신 일을 잘 처리하는 것이겠죠?

주님! 이제 제가 주님을 위하여 길을 가려합니다.
주님께서 부르시는 길! 주님을 향해 가는 길!
주님! 제가 이제 일어나 주님을 따르기를 원합니다.
주님! 주님은 제 인생의 길이요
제가 가는 길은 주님께서 걸어가신 길이 되어야 함을
주님! 제가 제 마음에 깨닫사오니
주님! 저를 기억하옵소서. 저를 인도하소서.

주님! 제가 주님의 길을 따라 주님을 사모하오니
주님! 주님께서 원하시는 그 길을 가려합니다.
주님! 저는 부족하여 다 깨닫지 못합니다.
주님! 저는 우매하여 잘 알지 못합니다.
주님! 그러나 제 마음이 원하고 제가 선택하는 길이
오직 주님의 십자가의 길을 따르는 길이 되게 하소서.

제 인생의 여정은, 오직 주님!

이제야 이 길이 출발이 되어

주님께서 계신 그곳으로

저의 걸음을 달려갑니다.

주님! 저를 인도하소서.

주님! 저와 함께하소서.

주님! 주님은 제 인생의 주인이 되시오니

주님! 주님께서 제게 좌정하소서.

주님! 제가 주님을 사랑하는 이 길이

온전히 주님께서 기뻐하는 길이 되게 하소서.


주님! 제가 주님 앞에 겸손히 엎드리고 낮아져서

주님 앞에 제 온몸이 주님을 찬양하오니

주님! 제가 오직 주님만을 경배하게 하소서.

주님! 제가 주님만을 섬기며,

주님만을 바라보오니

주님! 제가 오직 주님만을 따르며,

제 인생이 오직 주님만을 위하여 살게 하소서.

# 주님의 이름을 외쳐 부릅니다

주님! 제가 주님께 엎드려

저의 인생을 주님께 맡기옵니다.

우리 인생은 위대하신 주 하나님의 손길 가운데 있사오니

주님! 저의 인생의 길을 주님께 의탁하옵니다.

주님! 주님은 위대하신 하나님이시오니

주님! 주님의 영광을 제가 노래합니다.

주님! 주님의 이름을 소리 높이 외쳐 부릅니다.

주님! 제가 소리 높여 주님의 영광을 찬미합니다.

거룩하신 아버지 하나님! 저는 어찌하면 좋을까요?

어찌하면 주님을 뵈올 수 있을까요?

주님! 제가 주님께 부르짖어 주님의 이름을 간구합니다.

제 인생이 주님을 향하여 외치오니

주님! 주님의 위대하신 음성을 제가 듣습니다.

주님! 저의 인생을 받아주옵소서.

제가 주님의 이름을 외쳐 부름을 기억하시고

저의 삶의 전부가 주님께 있도록 제게 허락하옵소서.

주님! 제가 부끄러이 주님 앞에 무릎 꿇고 엎드리어

주님께 간구하며 또 간구합니다.

주님! 제 인생의 길은 오직 주님의 것이오니

주님이시여! 제가 살아계신 주님 앞에 엎드리어
주님께 간구하며 또 간구합니다.
이 부끄러운 몸이 주님의 이름을 높이 불러
외치며 또 외쳐 부릅니다.
주님! 저를 인도하옵소서.
주님! 저의 이 병약한 몸을 치료하옵소서.
주님! 제 인생을 살피시는 주님이시여!
저를 주님의 길로 주님의 품으로 인도하옵소서.
주님! 제가 주님의 그 위대하신 사랑을
온 세상에 주님의 그 크신 이름을 외쳐 알리도록
제게 허락하소서.

# 주님을 따르게 하소서

주님! 저희들이 주님을 믿사오니

주님! 저희들이 주님의 거룩하신 얼굴을 뵈옵니다.

주님의 교회에 나아와 주님께 예배드리며,

주님의 거룩하신 이름을 고백하며 소리쳐 아뢰옵니다.

주님! 주님께서 친히 저희들을 도우소서.

주님! 주님께서 저의 인생을 살피시고 받으시어

제 가는 인생의 길, 주님께서 인도하옵소서.

주님! 저는 주님의 뜻을 깨닫지 못하여

오직 주님 앞에 고통하며 괴로워합니다.

주님! 저의 길은 오직 주님께 있으며,

저의 인생은 오직 주님의 것입니다.

주님! 제가 부끄러이 주님의 길 따르지 못하여

주님의 부르심의 말씀에 괴로워합니다.

주님! 이 세상에 지친 저를 보옵소서.

제 인생은 주님의 길을 달려가지 못하여

제 마음이 고통하며 괴로워합니다.

주님! 저의 길은 오직 주님께 있사오니

주님! 저의 길을 주님께로 인도하소서.

저의 삶의 전부를 기억하시는 주님!

이제는 저의 길이 주님의 삶 가운데 있도록

주님! 주님께서 저를 불쌍히 여기시고 인도하소서.

주님! 제가 주님을 사모하며 따르오니

주님! 제 인생의 길이 주님을 뵈옵길 원하오니

주님! 제 인생이 오직 주님의 길 가운데 있게 하소서.

제 인생이 주님만을 따르게 하옵소서.

주님! 제가 주님께 간구합니다.

주님! 저를 돌보시고 보호하소서.

그리하여 제가 영영히 주님의 이름을 찬미하게 하소서.

# 성경을 읽으며

주님! 성경을 읽으며 깨닫게 됩니다.

주님의 길은 은혜의 길이며,

주님의 길은 사랑의 길임을 제가 깨닫습니다.

주님! 제가 주님을 따라 주님의 길을 걸어갑니다.

주님! 주님은 사랑이시니

제가 주님을 따라,

주님의 사랑의 길을 걸어가고 싶어 합니다.

주님! 저는 거룩하신 주님께서 걸어가신 길을

그 길을 걷기엔 힘이 없고,

저는 항상 부족함뿐입니다.

주님! 저를 용서하소서.

주님은 십자가 위에서 저를 구속하시고

구원의 은총을 베푸셨음을

주님의 말씀인 성경을 읽고 제가 깨닫게 됩니다.

주님! 저의 길을 말씀하소서.

주님의 성령님께서 저의 길을 지도하시어

저의 길이 주님의 길 가운데 있게 하시고

제가 주님을 기뻐하며, 주님을 사랑하며

주님만을 사모하며 즐거워하도록 제게 허락하소서.

주님! 저는 주님의 십자가의 길을 따르며

주님을 뵈옵고 주님을 사랑하며 따라갑니다.

주님! 저의 길은 주님의 길이며

제가 가는 길은 오직 주님의 은총의 길이니

주님! 제가 주님의 은혜의 길을 따라

주님을 사모하며 걸어가옵니다.

주님이시여! 위대하신 주님이시여!

제가 이 세상에 나아가

주님의 위대하심을,

그 크시고 거룩하신 사랑을 우리에게 베푸심을,

온 세상에 전하게 하소서.

주님! 주님의 그 크신 사랑을

제가 수많은 사람들에게 전하도록 허락하소서.

# 주님이 걸으셨던 십자가의 길

주님이 걸어가신 십자가의 길, 고난의 길
제가 엎드리어 주님께 간구합니다.
주님! 주님께서 가신 그 길 따라
주님의 길, 제가 걸어갈 수 있게 되기를
주님! 주님 앞에 무릎 꿇고 또 간구합니다.

주님은 십자가 위에서
우리를 위하여 몸버려 피 흘리셨네.
우리와 같은 죄인들을 위하여
주님께서 십자가 위에서 물과 피 쏟으셨네.
주님! 저희들을 받으소서. 용서하소서.
이 죄 많은 저희들을 주님의 보혈로 씻기소서.

주님! 제가 저의 죄악을 주님 앞에 회개하오니
주님의 십자가의 그 사랑, 제게 베푸시고 가르치소서.
주님! 제가 주님을 사랑하오니
저의 인생길, 제가 가야 하는 인생의 길
오직 주님께서 인도하시고,
오직 제가 가는 길이 주님의 길 십자가의 길 되게 하소서.

저와 함께 하시는 주님!

나라가 나라를 대적해 일어나도

주님! 제 마음이 평안한 것은

주님께서 저와 함께 하시며, 인도하심을 믿사오니

주님! 온 세상이 캄캄한 어둠 속에서

전쟁과 포화의 소리 들리어도

제가 주님만을 신뢰하며 따르게 하소서.


주님! 주님께서 저와 함께하시며

저를 인도하심을 믿습니다.

주님의 교회에서 주님의 말씀을 들으며,

제가 주님을 사모하며 살 수 있는 것은

주님께서 저와 함께 하시기 때문입니다.

주님은 사랑이시니, 제가 주님의 사랑을 힘입어

주님께 나아가 주님의 얼굴을 뵈옵니다.

주님! 제가 주님의 그 크신 사랑을 깨달아

주님께 걸어가오니

주님! 주님을 위해 걸어가는 길!

주님께서 오직 저를 인도하시는 길!

그 길을 제가 달려감을 보시고

주님께서 저를 주님의 품으로 인도하소서.

❝ 제가 주님의 십자가지고 주님을 따르게 하소서.
온전히 주님의 십자가만 제가 사랑케 하소서. ❞

- 〈 기도하지 못하는 날은 〉 중에서 -

# 에필로그

| EPILOGUE |

# 주님의 십자가를 사랑케 하옵소서

주님! 제가 주님의 십자가를 사랑케 하옵소서.
주님의 십자가는 고통과 고난이었고,
주님께서 희생 제물이 되시어 돌아가신
구속의 자리, 바로 죽음의 십자가 그곳이었기 때문입니다.

주님! 주님의 십자가를 제가 사랑케 하소서.
기도할 때마다 주님의 십자가를 노래하며, 기쁘게 여기는 것은
제가 주님의 십자가를 사랑하기 때문입니다.
주님! 저의 마음이 주님을 사랑하오니,
제가 주님의 십자가를 짊어지게 하옵소서
주님! 저도 주님의 십자가 지고,
주님만을 따르게 하소서.

주님! 제가 주님께 바라옵고, 기도드리오니
주님! 제가 주님의 십자가를 사랑케 하옵소서.
지금 제게 있는 고난을 슬퍼하지 않게 하시고
주님께서 걸어가신 그 거룩하신 고난의 십자가의 자리
그곳에 저도 있음을 기뻐하며, 즐거워하게 하옵소서.
주님! 제가 주님께 기도하며, 간구합니다.

주님을 사랑하는 마음으로, 제가 주님을 따르게 하시고

주님을 사모하는 마음으로, 제가 주님을 기뻐하게 하소서.

주님만이 저의 하나님이시오니

제가 주님을 사랑하고 또 사랑합니다.

주님! 주님께서 저를 영원한 주님의 품으로 인도하소서.


주님! 제가 주님의 십자가를 사랑하오니.

주님! 제가 주님의 십자가를 바라볼 때마다

주님께서 저를 사랑하신다는 그 사실을

수많은 이웃들에게 전하게 하소서.


주님! 주님께서 걸어가셨던 그 골고다 언덕길

주님께서 못 박히셨던 십자가의 고난을 제가 생각하게 하시어

주님! 제가 주님의 사랑을 늘 항상 마음에 새기며

늘 주님을 사랑하게 하옵소서.


주님! 저와 함께 하옵소서. 저를 인도하옵소서.

제가 주님께서 피 흘리신 십자가를 사랑하므로

제가 주님의 십자가 지고 주님만을 따르기를 간구합니다.

그리하여 온전히 주님의 십자가만 제가 바라보며.

주님을 늘 사모하며 살게 하소서.

# 이 책의 집필 동기

주님의 십자가를 묵상하는 일은 그 무엇보다도 중요한 일입니다. 주님은 십자가 위에서 몸 버려 피 흘리셨고, 우리를 위하여 십자가 위에서 희생하셨기 때문입니다.

주님의 십자가 위에서의 죽음은 그리스도인의 믿음의 핵심이며, 또한 그리스도인의 삶의 목표와 지향점이기도 합니다.

주님을 사랑하는 것은 우리 모든 그리스도인의 의무이며, 동시에 우리 그리스도인들에게 허락된 특권입니다. 그분은 우리의 구원자이시며, 유일한 인류의 구세주이시기 때문입니다.

십자가의 복음은 주님의 희생을 기초로 한 것이며, 주님의 희생은 바로 우리를 위한 십자가에서의 대속의 죽음이었습니다. 주님께서 십자가 위에서 죽으심으로 우리가 나음을 입게되고, 우리가 영원히 주님이 계신 그 자리에 나아갈 수 있게 되었습니다. 이 보다 더 복된 소식이 있겠습니까?

주님의 십자가를 기쁘게 노래함은 우리 그리스도인들의 영원한 소망이며, 주님을 사랑하는 이들이 영원히 간직하고픈 소망이기도 합니다.

주님의 십자가에 여러분의 모든 짐을 맡겨 보시기 바랍니다. 그리고 그분이 지셨던 십자가에 여러분의 모든 것을 내려놓아 보시기 바랍니다.

최근 저뿐만 아니라 교회와 그리스도인들에게 있어서 죄에 대한 의식이 점점 더 약해짐을 볼 수 있습니다. 죄에 대한 회개와 예수 그리스도의 보혈의 피 흘리심에 대한 감사와 주님의 십자가 위에서의 대속의 죽으심에 대한 사랑의 고백은 우리 그리스도인들이 영원히 가져야 할 의식이라할 것입니다.

주님의 십자가에 대한 열정이 점점 식어지는 것은 결코 바람직한 일이 아닙니다. 우리 그리스도인들은 예수 그리스도의 보혈의 피 흘리심과 그분의 희생을 받아들임으로써만 구원을 얻을 수 있기 때문입니다.

이 책은 우리의 어려운 삶의 환경과 그 가운데서 역사하시는 주님의 손길을 기다리며, 주님의 십자가를 묵상하기 위하여 만들어졌습니다.

짬짬이 주님의 십자가를 노래하는 즐거움을 이 글을 통하여 얻으시기 바랍니다. 주님을 사랑하는 마음은 누구나 같기 때문입니다.

괴롭고 어려운 환란이 점점 더 가까이 다가올수록 주님의 십자가 앞에 여러분의 모든 짐을 내려놓으시기 바랍니다. 그리고 주님의 십자가를 바라보는 그 즐거움 가운데 여러분의 인생을 내어 맡기시기 바랍니다.

간증문

# 간/증/문

## 하나님과의 만남과 응답의 과정 1

이 일 화

　1984년 부흥회가 끝난 며칠 후였습니다.

　매일 저녁 잠자리에 들기만 하면 귀에서 이상한 소리가 들리는 이명(耳鳴)현상이 며칠간 계속되었습니다.

　그러던 어느 날 정말 요즘의 영화에서 나오는 머리부터 발끝까지 '검은 우의를 입은 듯한 수도승 같은 어떤 존재'로부터 무릎을 꿇고 세례를 받는 장면의 꿈을 꾸었습니다.

　무릎을 꿇고 세례를 받는 순간, 내 허리가 찢어질 듯이 아파서 나도 모르게 소리를 지르며 일어났고, 순간 온 식구들이 모두 놀라서 잠자리에서 깨어 일어났습니다.

　이튿날 밤 꿈에는 '믿음, 소망, 사랑, 그 중에 제일은 사랑이라'는 막대의 글자들을 보이지 않는 힘이 가슴으로부터 허리에서 뜯어내려고 안간힘을 썼습니다. 급기야 허리가 아파 일어났고, 내 온몸에는 땀이 비 오듯 하였습니다.

주일 오후 어느 여(女) 집사님께서 저를 위하여 기도를 하여 주셨습니다. 그분의 기도의 힘을 얻어 기도원에서 온 몸이 땀에 젖도록 하나님께 매어 달려 기도하였습니다. 그 순간 아픈 허리가 시원하게 느껴지며 통증이 씻은 듯이 사라지는 것을 경험하였습니다.

그 날 이후로 일 년 동안 퇴근길 교회에 들러 매일 삼십분씩 작정을 하고 기도하였습니다. 지금도 주일 날 교회의 예배에 빠지지 않고 출석할 수 있는 것은 기도의 응답이라고 생각하곤 합니다.

스물 한 살, 정말 성경 말씀이 송이 꿀같이 달았습니다.

새로운 직장을 따라 임시 하숙집을 옮긴지 보름도 채 되지 않았는데 하숙집 여주인이 얼마간의 돈이 없어졌다고 도둑으로 몰았습니다. 그 달치 하숙비도 선금으로 다 치뤘지만 나머지 돈도 돌려받지 못하고 하숙집을 나와 교회의 전도사님이 사시는 사택으로 옮겼습니다.

매일 새벽과 아침 식후, 그리고 점심시간과 저녁시간 한 달을 작정하여 오로지 주님만 생각하며 기도로 매어 달렸습니다. 정말 기도하지 않으면 헤어날 수 없다는 생각뿐이었습니다. 교회가 떠나 갈 정도로 큰 소리로 기도하던 기도생활이 열흘쯤 계속되던 어느 날 아침 성경말씀이 제 온몸을 전율처럼 감싸는 것을 경험하였습니다.

"너희를 향한 나의 생각은 내가 아나니, 재앙이 아니라 평안이요, 너희 장래에 소망을 주려는 생각이라. 너희는 내게 부르짖으며 와서 내게 기도하면 내가 너희를 들을 것이요, 너희가 전심으로 나를 찾고 찾으면 나를 만나리라." (렘29:11-13)

그 많던 근심과 걱정이 사라지고, 정말 하나님만 계시다고 느껴지는 그 순간, 찬송가가 실제를 노래하고 있다는 사실을 깨달을 수 있었습니다.

'세상도 없고, 나도 없고, 사랑의 주만 보이도다.

이것이 나의 간증이요, 이것이 나의 찬송일세.'

집으로 돌아간 한 달 후 어느 날, 아버지께서 조용히 물으셨습니다.

"너, 무슨 일 없었니?", "아뇨. 별일 없었는데요."

아버지께서 염려할 것 같아 아무 일 없었다고 말씀드렸습니다. 그리고 며칠 후 신기하게도 그렇게 기다리던 직장으로의 전근이 이루어졌고, 새로운 직장에서 매우 큰 인정을 받았다는 사실이었습니다.

더 신기로운 일은 하나님께서 아버지의 꿈속에 나타나 "네가 천국 갔다온 것처럼, 네 아들도 천국 갔다 왔다."라고 말씀하셨다는 사실이었습니다. 아버지께서는 제가 신학대학을 졸업할 무렵에야 저에게 이렇게 말씀을 하셨습니다. 그때 제가 엄청나게 큰일을 당한 줄 아시고 매우 걱정을 하셨다고 하셨습니다.

그 후 세례를 받고, 일 년이 지난 철야기도회 때 온 몸을 감싸는 강력한 힘으로 이상한 언어로 말하기 시작하였습니다. 은사를 체험하기 시작한 것입니다.

　다시 이 년의 세월이 지나고, 더 큰 믿음의 사람들을 만나고 싶어 서울로 오고 싶어 했지만 길이 열리지 않을 때입니다.

　모두 다 즐겁게 하루를 보내는 크리스마스 날 오후, 홀로 한적한 시골의 기도원을 향하였습니다. 그리고 하나님의 응답하심을 기대하며 부르짖어 기도하였습니다. 두 시간마다 있는 막차를 타려고 내려가기 전 주님께 지금 응답하시지 않으시면, 가는 길에 만나는 사람을 통해서라도 응답하여 달라고 간구했습니다. 정말 주님께서는 그렇게 하셨습니다.

　정류장에서 버스를 기다릴 때, 저는 전혀 모르는 시내의 어느 큰 교회 여 집사님이 저를 알아보셨습니다. 전혀 모르는 분들인데 옆에 계신 분이 자꾸 대화를 권하였습니다. 만약 제가 잘 아는 교회 친구의 이모님이 아니었다면 대화조차 하지 않았을 것입니다.

　그분의 얼굴을 바라볼 때, "하나님께서 더 큰 좋은 길을 준비해 놓으셨는데, 왜 그리 서두르느냐."고 그분이 먼저 이야기를 꺼냈습니다. 이 말을 듣는 순간 오늘 주님께서 나에게 말씀하시고 싶어 하시던 말씀이 이것이었구나 생각하는 생각이 불현 듯 들었습니다. 다른 이야기를 붙이려는 집사님들의 대답에 함구한

채 돌아오는 버스 안에서 마음 속 깊이 평안을 얻을 수 있었습니다.

놀랍게도 12월 31일 종무식 날 아침, 1월 1일자로, 서울, 그것도 본부로 전근이 발표되었습니다. 그리고 신년 새해 7일간을 준비하며, 그렇게도 가고 싶어 하던 대학 진학을 준비할 수 있었습니다.

정말로 더 신기한 건, 신학교가 아닌 정규 신학대학으로는 50명 정원의 야간과정이 서울 근교에 있는 이 대학교 밖에 없어 부득이 이 학교를 선택하게 되었는데, 대학을 입학하자마자, 그 이듬 해부터 야간과정이 폐지되고, 주간학과와 통폐합되었다는 것이었습니다. 마치 하나님께서 나를 위하여 준비해 놓으셨던 것처럼, 내가 입학하자마자 야간과정이 사라지고, 주간과정으로 통합 되었을 뿐만 아니라 대학의 야간과정 자체도 문이 닫혔다는 것이 나에게는 너무나 기이하게 느껴졌습니다.

그 후 30여년의 회사와 교역생활 동안 지나보면 하나님의 은혜가 아닌 것이 없었고, 심지어 내가 직장에서 받는 보직까지 하나하나가 하나님의 뜻과 의도가운데 이루어지고 있었음을 지난 후에야 알게 되었습니다.

처음 직장을 출발하던 때, 세 가지의 조건을 놓고 일 년 동안 매일 삼십 분이나 한 시간씩 그렇게 기도했던 조건대로 직장이 주어져 있었고, 자리를 옮길 때마다, 나 자신의 의도와는 다른 보직을 받았을 때에도 지나보면 그것이 훨씬 더 나에게 유익한 진로였음을 깨달을 수 있었습니다. 가장 낮아지고 하나님을 떠나 있던 시간에도 주님은 바로 옆에 계셨고, 저와 함께 하시고 계셨던 것입니다.

바로 지금 이 순간에도 주님은 끊임없이 저를 사랑하시고 계심을 이제서야 깨닫고, 하나님을 사랑하는 방법과 그분이 우리에게 허락하신 길을 깨달을 수 있도록 조그마한 집필로 그분에게 영광을 돌리게 됩니다. 하나님이 살아계심을 우리 모두 알게 되기를 정말 간절한 마음으로 기도합니다.

# 하나님의 만남과 응답의 과정 2

잠시 믿음의 경험을 이야기하고자 합니다. 이 비밀은 지금까지 감추어져 있었던 것이며, 누구에게도 자세히 이야기한 바가 없습니다. 그렇지만, 그분의 뜻 안에서 그분께 기도하는 이의 기도를 들으시고, 그분께서 응답하신다는 사실을 이 작은 이야기를 통해서 말 할 수 있게 된 것은 영광입니다. 조그마하기도 하고, 드러내고 싶지는 않지만 그래도 우리와 함께 하시는 주님을 모두가 알기를 바라는 마음에서 이 이야기를 기술합니다.

지금까지 안정된 믿음의 삶을 살 수 있게 됨으로써, 젊은 시절의 기도했던 제목들에 대하여 명확히 응답 받았음을 말할 수 있습니다. 주님께서 그때 그 기도를 들으시고, 비교적 평탄한 삶으로 인도해 주셨기 때문입니다. 아마 고등학교나 대학을 졸업하고 사회를 첫 출발하는 이들에게 이 간증이 주님의 도우심을 경험할 수 있는 삶의 방식에 조금이나마 도움을 줄 수 있으리라 생각합니다.

내 인생의 의미를 아셨으며, 나의 미래를 계획해 놓으셨다는 사실을, 시간이 지난 이후에야 알게 됩니다. 이 글을 읽는 이들이 조금이라도 주님의 살아 계심을 깨닫기를 바라는 마음으로 이야기를 시작합니다.

처음 고등학교를 졸업하고 난 뒤, 대학의 낙방이라는 쓰라림을 맛보았습니다. 물론 그 이듬해 지방 사립대학의 무역학과에 합격은 하였지만, 가정 형편이 어려워 진학을 포기하고 말았습니다.

지방기관에서 근무한지 채 얼마 되지 않아, 징병검사를 받았고, 보충역 통보를 받았습니다. 동사무소에 배치되기로 거의 다 결정이 되다시피 하였지만, 주님께서는 이를 허락하시지 않으셨습니다. 경비대대가 창설되면서, 열외 하나 없이 모두가 이 부대에 배치되었기 때문입니다.

주님의 계획이 우리의 생각과는 다르며, 오묘하시다는 것을 안 것도 이때였습니다. 1년 2개월의 복무기간 동안, 365일 내내 일요일 외에는 눈이 오나 비가 오나, 혹독한 훈련에 시달렸습니다. 자전거로 출근 시간이 1시간 30분이나 되었고, 추운 겨울에도 도시락으로 점심을 해결해야 했습니다. 새벽에 나가서 낮 내내 훈련을 받았습니다. 집에 돌아와서 눈을 부치자마자 새벽이면 또 다시 도시락을 싸들고 아침을 나섭니다.

이런 고달픈 생활이 약 2개월을 지나면서 나 자신의 인생의 문제에 눈을 뜨기 시작했습니다. 무엇을 할 것인가? 어떻게 살 것인가? 왜, 주님께서는 나를 여기 보내셨을까? 다른 친구들은 다 공부하는데.....나는 무엇인가? 이 질문에 해답을 얻기 위하여, 세 사람의 후배와 함께, 훈련을 마치고 나오며 마루바닥으로

된 예배실이 있는 시내의 교회에서 매일 퇴근 후 한 시간, 그리고 토요일, 일요일이면, 오팔 광석을 캐던 기도원의 굴속을 찾아 기도하기 시작했습니다. 이 기도원은 내가 어릴 적 다니던 교회에서 목회를 하시던 장로님께서 교회를 은퇴하신 뒤, 운영하시던 기도원이었습니다.

기도원에서 기도하던 때, 첫 번째, 주님이 계시다는 사실의 확증과 하나님의 신유가 무엇인지를 경험했습니다. 이러한 기도 생활은 훈련 기간 동안 내내 지속되었습니다. 훈련은 힘들었지만, 얼굴에는 통통하게 살이 올랐습니다.

한 여름에 정각에 소금 한 입을 물고, 구보를 나서는 생활에도, 주님의 뜻은 있었습니다. 항상 여러 사람 앞에서는 떨려 말 한마디 못하던 내가, 강인함과 인내력, 그리고 자신감을 가지고 배우는 기회가 되었기 때문입니다. 사십여 명의 동료들과 함께, 비 오듯 하는 땀방울과 소금으로 배인 전투복에도 아랑곳하지 않고, 낙오되지 않고 항상 당당하게 구보의 선두에 서곤 했습니다. 주님의 뜻이 무엇이냐고 마음속에 물었을 때, 마음속의 주님의 응답은 단 한마디였습니다. '강인함을 기르라.' 내 가슴속에 소리치는 스스로 위안을 삼으며, 내 내면의 마음의 소리로 기도의 응답이라 들으며 인생을 설계했습니다.

기도하기 시작하던 때, 결혼을 위시해서 모든 인생의 진로를 기도하기 시작했습니다. 약 일곱 가지 정도의 기도제목을 종이에 써서, 매일 그것을 보고 소리 내어 기도했습니다. 그때 기도한 내용은 이런 것들이었고, 그대로 이루어졌다는 사실을 연륜이 한참 지난 지금에야 깨닫게 됩니다.

**첫째**, 가장 낮은 곳에서, 가장 높은 곳으로, 중앙 본부 부서까지, 가장 빨리 승진할 수 있는 곳으로 보내 주시되, 항상 주일을 쉴 수 있게 해 달라고 기도했습니다. 정말 그렇게 되었습니다. 중앙행정기관의 지방 사무소, 지방청, 본청, 본부 부서까지 채 4년이 걸리지 않았습니다. 놀라운 일이었습니다. 당시 내가 근무하던 청 단위 본부에 가장 최연소로 유일한 미혼으로 입성했습니다. 정부 부처 합동청사에서 여러 해 동안 근무해 보았습니다. 해외 출장도 가 보았습니다. 그대로 이루어졌습니다. 그리고 지금까지 특별한 일이 있는 경우 외에는 주일을 쉴 수 있었습니다. 이것도 지난 뒤에야 기도의 응답임을 알 수 있었습니다. 젊은 때는 그러려니 하였는데, 세월이 지나 은퇴를 앞둔 때가 되면서 주님의 기도의 응답임을 알 수 있었습니다.

**둘째**, 면사무소와 같이 자전거나 오토바이를 타고 출장을 다니는 기관이 싫었기 때문에, 항상 내근을 할 수 있는 곳을 선택해 달라고 했습니다. 정말 그렇게 되었습니다. 25년 동안 직장생활 동안 내내 내근만 하는 부서에 돌아다녔고, 직원들은 출장이

있어도, 자리 상 싫증나 정도로 내근만 하고 있었으니 말입니다.

**셋째**, 마흔이 될 때까지 가장 빨리 승진할 수 있는 부서와 부서에서 능력을 나타내 달라고 했습니다. 정말 그렇게 이루어졌습니다. 9급에서 3년 6개월 만에 7급이 되었습니다. 그리고 서른이 되기 전에 6급이 되었습니다. 가는 곳마다 능력을 인정받지 못한 곳은 한군데도 없었습니다. 어느 중앙 행정부의 단위기관에 근무할 때는, 전 직원의 회식석상에서 기관장이 공개적으로 업무능력을 인정해 주기도 하였습니다. 내 자신이 무능한 상사를 싫어 불평한 경우는 있었지만, 주님께서는 내 기도에 대하여 한 치의 오차도 없으셨고 능력을 발휘하도록 해주셨습니다. 이것도 지난 뒤에야 기도 응답임을 깨닫게 됩니다.

**넷째**, 마흔이 지난 후부터는 주님을 위하여 살겠다고 했습니다. 스무 살에 집을 떠나, 직장생활이 시작되어 이십 년간은 광야에서 살겠다고 기도했습니다. 정말 그대로 이루어졌습니다.

한 동안의 투자사업 실패와 방황의 끝에서 벗어나, 성경공부를 위한 기독교교리서를 쓴 그 첫해가, 주님을 위하여 글을 쓰기로 하고, 문서 선교를 염두에 두고, 기독교교리서를 출간한 첫해가 바로 만으로 마흔이었습니다.

신학을 공부한 이후, 바로 목회현장으로 가지는 못했지만, 책을 출간한 날자를 보고서야 이것이 내가 처음부터 가진 기도의 응답이었으며, 주님의 뜻이었구나, 내가 가진 문장력과 문학적 감각의 달란트를 사용하시는구나 하고 깨닫게 되었습니다. 그때는 내 목회 원년이 마흔이 될 줄 알았는데, 지나보고서야 문서선교를 통한 원년이 되었음을 알았습니다.

주님께서는 정확히 제 기도를 들어주셨습니다. 그런데 이때가 주님께서 기도를 들으시고, 소명을 이루신 첫해였음을 왜 쉰이 넘은 다음에야 깨닫게 되는 것일까? 정말 알다가도 모를 일입니다.

사실 기독교교리서도 쓰고 싶어 쓴 것이 아니었습니다. 내가 곁길로 빠져 약속 장소로 가고 있을 때, 딸아이가 다쳤다는 소식을 들었고, 병원 응급실에 누웠다가, 수술실로 들어가는 딸을 보면서 그제야 도대체 성경을 통한 주님의 뜻이 무엇인가 알고 싶어서 스스로 성경을 정리 해보기 시작하여 교리 주제별 성경연구를 모은 것이, '나는 무엇을 아는가?'로 시작하여 다시 '하나님을 찾아가는 길'로 출간되었고, 이 책이 '기독교 교리 알고 보면 쉬워요'로 다시 재판되어 출간되었습니다. 그런데 지나보니 정확히 마흔 하나에 기독교 책자가 출간되어 문서선교를 시작한 원년이었으니 주님께서는 그 약속을 정확히 이루신 셈입니다.

**다섯째**, 마음씨 고운 아내뿐만 아니라 외모까지 예쁜 아내를

만나게 해달라고 했습니다. 그것도 이루어졌습니다. 나는 더 예쁜 사람을 원했는지 모르지만, 한번 본 직원들까지도 미인이라고 일컫습니다. 어떻든 젊은 때는 아내가 아름다운 미모를 가졌었다는 소리를 듣곤 했습니다. 외모도 중요하겠지만, 숱한 굴곡의 세월, 그리고 어떤 땐 날카로운 나의 성격을 보고서도 믿음을 잃지 않고, 가정의 끈을 놓지 않은 아내는 지금 와서 보면 볼수록 하나님의 선물이었습니다. 한 때는 가정보다는 너무 교회를 중심으로 사는 아내가 답답하곤 했었지만, 시간을 흐르면 흐를수록 아내를 만난 것이 주님의 뜻이었음을 깨닫습니다. 이것이 '기도의 힘이며, 응답이다.' 정말 신기할 정도로 주님께서는 정확하게 기도에 응답하셨습니다.

**여섯째**, 신앙 안에서 결혼 생활이 이루어지기를 기도했습니다. 이것도 이루어졌습니다. 정말 아내는 믿음의 사람이었습니다. 믿음 때문에 아내를 따라다니던 치과의사와의 결혼도 포기하고 지금 나와 함께 살고 있습니다. 아내는 세 가지를 구했다고 하는데, 그것이 꼭 나와 맞았다고 합니다. 맏이라는 것, 가난한 집안이라는 것, 이것은 보지 아니하였다고 했습니다. 오로지 믿음 하나 때문에 나와 결혼한 사람이었습니다. 이것도 지나보고서야 정확한 하나님의 뜻임을 깨닫게 되었습니다. 이 글을 쓸 초기까지도 아내가 보배라는 것을 모르고 살았는데. 지나 보면 볼

수록 정말 아내가 보석 같은 존재임을 깨닫게 됩니다. 정말 하나님의 뜻은 제가 알지 못하는 가운데 있었습니다. 제게 필요한 사람이 어떤 사람인지, 하나님께서는 먼저 아시고, 제가 원하는 성격, 인생의 가치 이런 것들을 부족한 제게 채워 주셨으니까요. 이것이 하나님의 사랑이요 인도라는 것을, 해가 지난 뒤에야 알게 되는 것은 무슨 이유일까요?

**일곱째**, 진학을 위해서 기도했습니다. 정말 그렇게 되었습니다. 고등학교 졸업 후 칠년 만에 대학을 진학할 수 있었습니다. 신학대학을 간 이유도 넘치는 간증이 있습니다. 정규대학의 신학과를 밟고 싶었기 때문에, 제가 몸담아야 하는 교단이 달라지긴 했지만, 그래도 후회가 되지는 않습니다. 제가 건 기도의 조건이 학력고사였는데 이 조건이 맞는다면, 신학대학을, 그렇지 않다면 일반대학을 가기로 결정하였었는데, 제 체력으로는 도저히 만점을 받을 수 없는 체력장 과목을 만점을 바람에, 학부 전공학과를 신학과로 선택하게 되었던 것입니다. 제게 가장 취약한 과목은 체력장 시험이었는데 이십 점 만점에서 16점을 넘기지 못한 경험이 있기 때문에, 고등학교를 졸업한지 7년 후인 학력고사에서 먼저 이 체력장 시험에서 만점을 받으면 신학대학을 가기로 결정했었기 때문입니다.

　정말 지금 생각하면, 너무 단순했다는 생각도 하지만, 그래도 지나보고나니 두고두고 나에게는 기쁨입니다. 다시 대학을 마치고 칠년 후, 연거푸 대학원에서 이공계열과 인문계열의 일반 학문을 연거푸 공부했습니다. 학부 때 신학을 공부한 내게 일반 학문이 도대체 뭘까 하는 학문에 대한 갈증 때문이었습니다. 직업과 관련이 있던 이공계열 학과 하나, 그리고 경영관련 일반 학문을 위한 시간의 투자와 지출로 지금 벌어 놓은 돈이 크게 남은 것은 없지만, 자존심을 걸고 논문을 쓰며 석사학위를 두 개씩 받은 저에게는 결코 후회롭지 않은 시간이었다고 말할 수 있습니다.

　기도할 때마다, '마흔 이후의 인생은 주님께서 마음대로 하세요.'라고 기도한 적이 있었습니다. 그리스도인의 삶의 덕을 세우는 글을 지속적으로 쓰려고 합니다. 이것은 나 자신의 생각이었습니다. 그러나 이것도 지나보니 주님의 뜻이었습니다. 온 세상을 다 경험한 부끄러운 모습이 이제 죄 가운데서 낮아져 자신 만만하던 내가 정말 겸손해지고, 부족함을 느끼다니. 이것이 주님의 뜻일 줄이야. 이제야 깨닫게 됩니다.

　주님께서는 제가 간구하던 단 일 년 동안의 매일 한 시간씩 기도에 일평생의 조건을 응답하시고 인도하셨습니다. 주님을 알고 난 이후에 말이죠. 이처럼 수지맞는 일을 왜 구하지 않을 수 있겠습니까? 만약 그때, 제 생각의 폭이 조금만 넓거나, 사회적인

간접적인 경험치가 있었다면, 왜 판, 검사를 구하지 않았을까 하는 의문이 들긴 합니다. 그래서 기도에도 하나님의 뜻이 있다는 이야기를 하는가 봅니다.

주님께 드리는 기도는 우리의 인생을 변화시킵니다. 잠언 8장 17절 이하의 말씀은 예레미야 29장 11절 이하의 말씀으로 응답을 받고 난 뒤, 기도원을 운영하시던 장로님께서, 주님을 만났던 저의 고백을 들으시고 들려주신 말씀이었습니다. 이 장로님은 제가 중학교 3학년 때 죽을 고비를 넘길 때, 교회를 담임하시면서 새벽마다 저를 위해 기도하시던 장로님이셨습니다. 이제는 연로하셔서 교회의 담임을 은퇴하시고 기도원을 운영하시고 계셨습니다. 이 장로님께서 저에게 들려주시던 말씀은 저에게 평생의 기도와 좌우명으로 남습니다.

여러분도 인생을 투자해 보십시오. 하루에 한 시간, 이 투자가 여러분의 일생을 주님께로 인도할 것입니다. 특히 군대에 있는 청년들, 성경을 읽으며, 주님을 만날 수 있는 기회입니다. 매 주일 시간을 내어 부르짖으며 기도해 보십시오. 주님께서 일평생을 두고 여러분의 기도에 응답하신는 사실을 경험하게 될 것입니다. 이 기쁜 소식을 여러분에게 전하는 바입니다.

" 제가 주님의 십자가지고 주님을 따르게 하소서.
온전히 주님의 십자가만 제가 사랑케 하소서. "

- 〈 기도하지 못하는 날은 〉 중에서 -

**부록**

목차 색인

부록 _ 목차 색인

# 예수님의 십자가

## 목차

〈서시〉 _ 7

주님은 _ 7

새번역 사도신경 _ 8

일러두기 _ 10

목차 _ 11

**아홉 편의 주님의 십자가의 묵상 _ 13**

주님이 지신 십자가 _ 14

주님의 십자가는 나의 자랑 _ 16

주님의 십자가는 오해 받음 _ 20

주님께서 저를 버리시면 _ 22

주님께서 보이신 생명의 길 _ 24

십자가의 인생 _ 26

주님의 십자가 앞에 나옵니다 _ 29

**예수님의 십자가 묵상하기 _ 33**

**프롤로그 _ 39**

우리가 지고 가야 할 주님의 십자가 _ 40

**제1장
인생의 고난이 닥칠 때 _ 45**

세상 일로 마음이 괴로운 날에 _ 46

제가 주님을 기뻐하게 하옵소서 _ 48

주님! 제게 왜 이리 어려운 일이 _ 50

주님! 이처럼 피곤한 일이 _ 52

주님! 저의 가슴이 탑니다 _ 54

회개의 기도 _ 57

주님! 저의 마음이 왜 이런가요 _ 62

고통으로 가슴이 저려올 때 _ 66

주님께서 내게서 자금을 가져가실 때 _ 68

저의 부족함으로 믿음 없음으로 _ 70

이럴 땐 어떻게 해야 하나요? _ 72

주님! 제 마음이 슬픕니다 _ 74

주님! 제 영혼이 엎드리어 _ 76

주님! 저의 마음은 슬퍼요_ 78

내가 주님 앞에 겸손하고 낮아지므로_ 80

주님의 십자가 앞에 나아와_ 83

왜 나는 바로 서지 못하는가_ 84

어찌 주님의 뜻을 알 수 있겠습니까?_ 90

천국의 비유_ 92

내 마음이 슬플 때_ 98

주님의 사랑에 대한 고백_ 100


제2장

십자가의 가치관_ 103


십자가 _ 104

십자가의 가치관_ 106

나의 자랑, 주님의 십자가_ 113

주님의 십자가 앞에_ 116

주님이 가신 십자가의 길_ 118

십자가의 은혜_ 121

십자가의 상징_ 124

십자가의 길_ 128

주님이 걸으셨던 십자가의 길_ 130

용서_ 133

주님! 십자가에 몸 버려 피 흘리심으로_ 134

절망 중에 드리는 기도_ 137

주님! 십자가의 길은 _ 140

십자가의 길_ 144

십자가 앞에 나아가_ 146

슬픔의 십자가_ 148

주님을 향한 나의 삶_ 150

내가 지금 사는 것은_ 151

주님이 홀로 가신 그길_ 152

주님의 십자가를 생각합니다_ 154


제3장

예수님의 십자가_ 157


예수님의 십자가_ 158

주님의 십자가_ 160

십자가 십자가_ 162

주님께서 걸으셨던 십자가의 길은_ 163

주님의 십자가의 길은_ 164

십자가의 사랑_ 166

주님이 지신 십자가_ 168

주님의 십자가를 찬미합니다_ 170

주님의 십자가를 바라봅니다_ 172

고난의 십자가_ 176

십자가의 보혈로_ 180

십자가 앞에 저의 고통을_ 182

겸손과 온유의 십자가_ 185

주님은 십자가 위에서_ 188

고독의 십자가_ 190

주님의 십자가 앞에 나 엎드렸으니_ 192

주님께서 주신 구원의 은혜_ 194

영광의 주님이시여_ 196

십자가에 달리신 주님_ 198

십자가의 주님을 나 찬양하네_ 200

날 구원하신 주님_ 202

**제4장**
**회개의 십자가_ 205**

주님의 십자가 앞에 나아가_ 206
주님의 십자가 앞에 무릎 꿇고_ 208
주님의 십자가 앞에 엎드리오니_ 210
십자가를 향한 인생_ 212
주님! 제 모든 것, 주님의 것이오니_ 215
주님의 십자가 앞에 엎드렸사오니_ 216
예수님의 십자가의 마음_ 218
주님의 십자가를 지고_ 222
사랑의 십자가_ 224
주님의 십자가의 은혜가 너무 크오니_ 226
주님의 십자가를 내가 지고_ 228
가장 어려울 때 십자가를_ 230
선한 길_ 232
주님의 십자가를 바라보노라면_ 234
하나님의 은혜로_ 237
제가 주님의 십자가를 따를 때_ 238

**제5장**
**예수님의 보혈_ 241**

예수님의 보혈의 피_ 242
예수님의 피_ 244
예수님의 피 흘리심을 기억하라_ 245

예수님의 보배로운 피_ 246
구원은_ 248
예수님의 피 흘리심은_ 250
주님의 보혈의 사랑_ 253
주님의 보혈로 나음 받았네_ 256
주님의 보혈은_ 258
예수님의 피로 구속받은 나_ 260
주님의 십자가 보혈로_ 262
예수님의 피의 힘_ 264
예수님의 보혈_ 266
주님께서 피 흘리시어 죽으심은_ 268
주님의 피 흘리심은 _ 270
주님의 보배로운 피_ 272
주님의 보혈로 씻기소서_ 274

**제6장**
**십자가의 삶_ 277**

십자가의 삶_ 278
주님 주신 십자가_ 280
내게 주신 주님의 십자가_ 282
주님의 십자가의 길 사모합니다_ 285
저의 십자가의 길은 무엇입니까?_ 286
나의 인생_ 289
내가 진 십자가_ 290
우리의 십자가_ 292
나의 십자가_ 294
주님의 십자가 앞에 제가 섰사오니_ 296

주님의 십자가 나도 지고_ 299

주님의 십자가와 재물_ 302

주님의 십자가를 나도 지려네_ 305

주님의 십자가를 따라_ 308

십자가 지고 주님을 따르렵니다_ 310

제가 주님의 십자가를 뵈옵니다_ 312

주님의 십자가 앞에서_ 314

주님의 십자가를 제가 보옵니다_ 316

예수님의 십자가_ 319

십자가를 지면 마음이 편안해집니다_ 320

십자가만이 나의 사랑입니다_ 322

십자가의 길 따르렵니다_ 324

나의 십자가는 이것_ 326

내게 주신 주님의 십자가_ 328

온유와 겸손의 십자가_ 330

주님! 저를 인도하소서_ 332

오! 영광의 아버지 하나님이시여_ 334

우리의 살아감은 무엇입니까_ 336

**제7장**
**신앙의 고백_ 339**

하루에 한두 시간씩 기도하기만 해도_ 340

나는 주님의 뜻 알 수 없네_ 342

하나님이 한번 후 불으시면_ 345

머리 아픈 때_ 348

기도하지 못하는 날은_ 350

우리가 살아가는 이유_ 352

가서 너도 이와 같이 하라_ 355

너는 어찌하여 여기 있느냐_ 358

기도를 명하시던 날_ 364

우리가 우리에게 죄 지은 자를_ 366

사하여준 것같이_ 366

그날에_ 368

부모님의 뜻이 하나님의 뜻과 반할 때_ 370

제가 주님을 따를 때_ 374

주님께서 주신 육체의 가시_ 376

주님의 길을 가려합니다_ 378

주님의 이름을 외쳐 부릅니다_ 380

주님을 따르게 하소서_ 382

성경을 읽으며_ 384

주님이 걸으셨던 십자가의 길_ 386

**에필로그_ 389**

주님의 십자가를 사랑케 하옵소서_ 390

**간증문_ 395**
**하나님과의 만남과 응답의 과정 1_ 396**
**하나님의 만남과 응답의 과정 2_ 402**

**부록_ 413**